L'imagerie Milan
petite enfance

Avions et fusées

illustrations de
Sylvie Bessard
Hélène Convert
Christian Guibbaud
Cristian Turdera

MILAN

Le sommaire

C'est quoi, un avion ? 6

L'aéroport 22

écrire — Tous les mots de cette imagerie sont présentés avec leur article défini. Pour aider votre enfant à mieux appréhender la nature des mots, les verbes et les actions sont signalés par un cartouche.

? — Pour vérifier les acquis et permettre à votre enfant de s'autoévaluer, une double page « Voyons voir... » est présente à la fin de chaque grande partie.

Les « Pages mémoire » en fin d'ouvrage présentent un récapitulatif de savoirs fondamentaux.

Ab — Retrouvez rapidement le mot que vous cherchez grâce à l'index en fin d'ouvrage.

En bas de chaque planche se trouvent des renvois vers d'autres pages traitant d'un sujet complémentaire. Ainsi, vous pouvez varier l'ordre de lecture et mieux mettre en relation les savoirs.

C'est quoi, un avion?

Une machine volante

Un avion est un moyen de transport qui vole dans le ciel grâce à des ailes et à de gros moteurs.

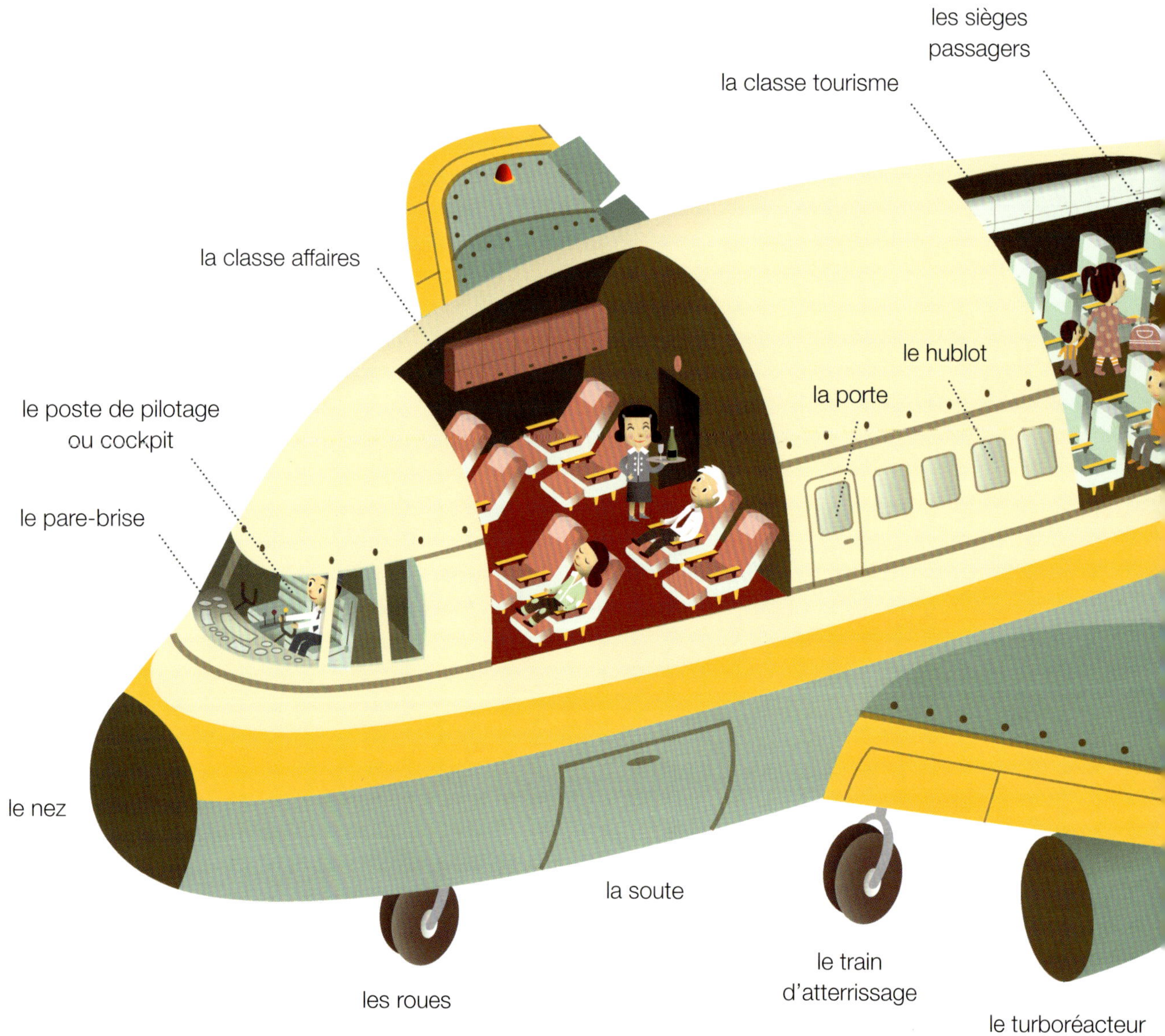

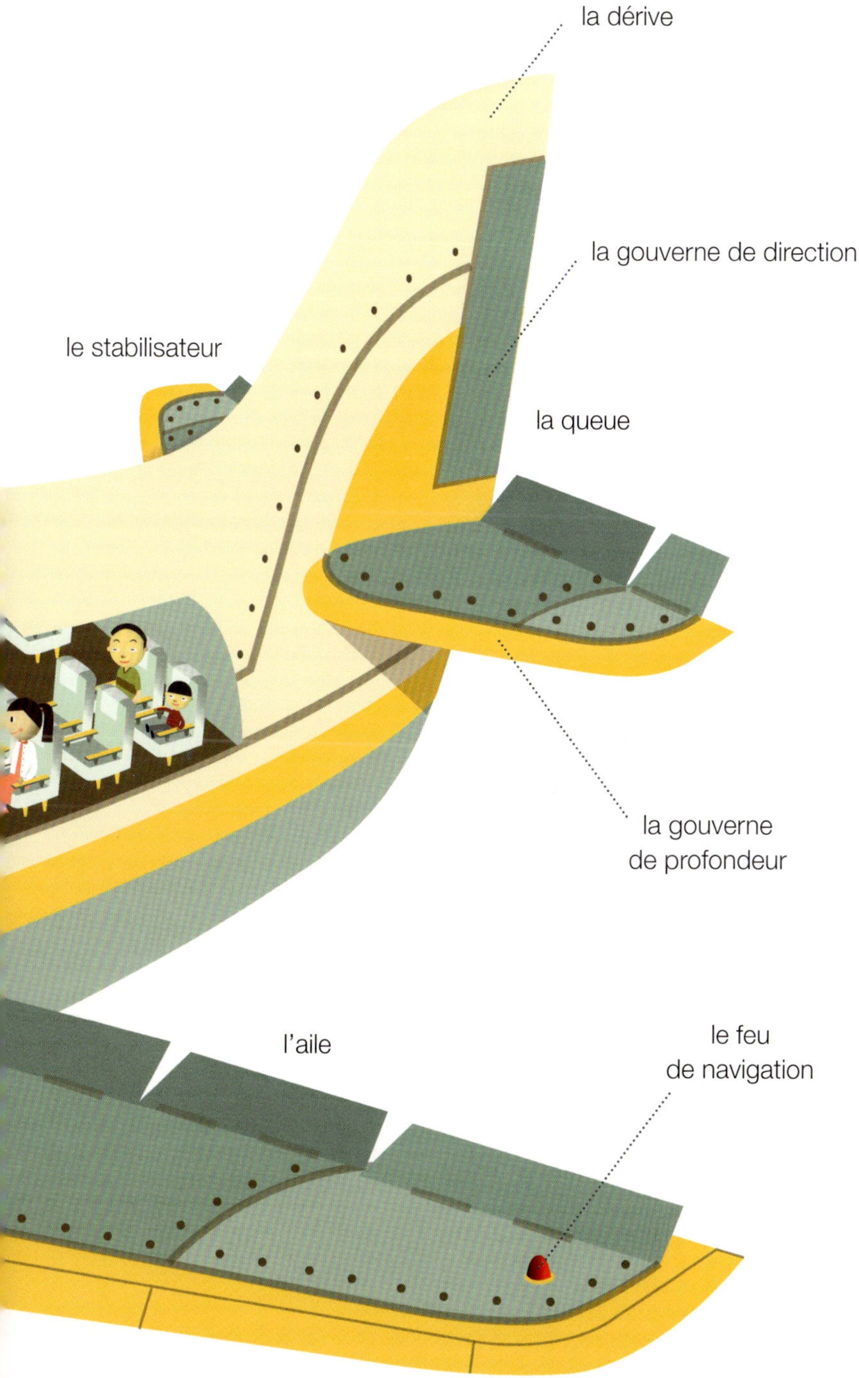

Pourquoi vole-t-on ?

Regarde les oiseaux… ça a l'air super de voler! Depuis longtemps, les hommes rêvent d'aller dans le ciel et de faire comme eux.

Au début, on a essayé sans y arriver! Puis, avec du travail et de l'imagination, on a réussi à faire voler des machines.

Aujourd'hui, les avions nous emmènent d'un pays à l'autre, transportent des lettres… Et toi, as-tu déjà « volé » dans un avion?

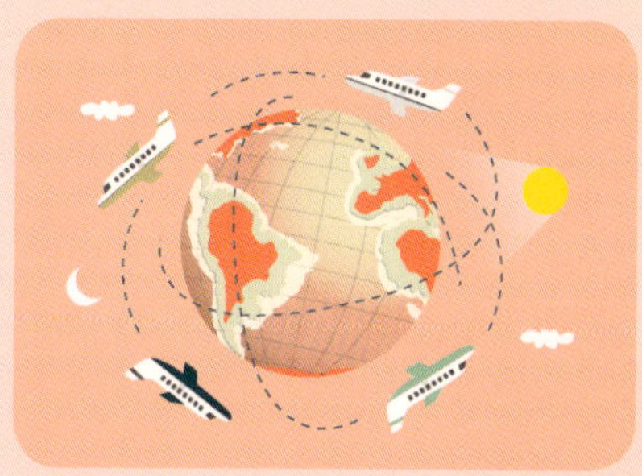

Construire un avion **16**
À l'intérieur de l'avion **42**

Petits et grands avions

Il y a des avions de différentes tailles en fonction du nombre de personnes qu'ils transportent.

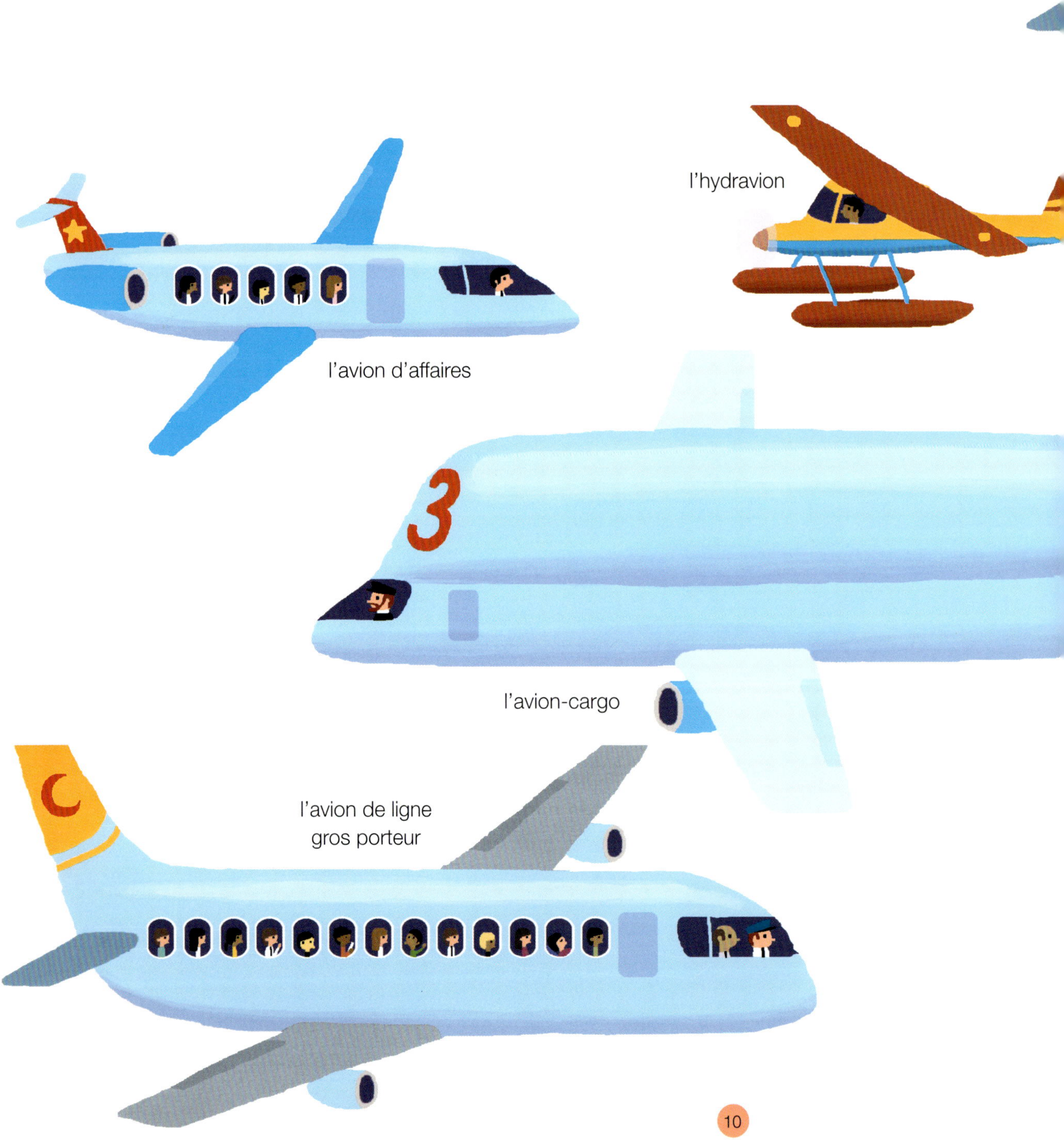

Pourquoi
prend-on l'avion ?

Tu voyages peut-être souvent en voiture, en bus ou en train. Alors pourquoi préfère-t-on parfois prendre l'avion ?

L'avion est le moyen de transport le plus rapide : 10 fois plus rapide que la voiture, 3 fois plus rapide que le TGV...

Le temps d'une journée à l'école, il peut traverser un océan ! On choisit donc l'avion pour aller plus loin et plus vite.

l'avion de ligne très gros porteur

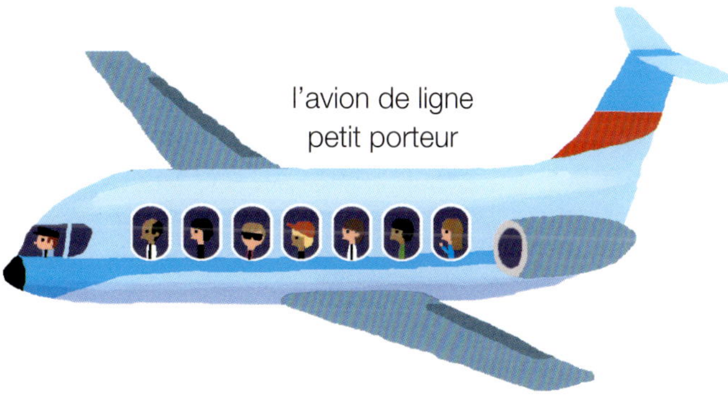

l'avion de ligne petit porteur

l'avion ultraléger

l'avion de ligne moyen porteur

D'autres moyens de voler **60**
Petite histoire de l'aviation **88**

Voler

Pour voler, un avion utilise la force de l'air. Elle va le porter grâce à la forme particulière de ses ailes.

au décollage

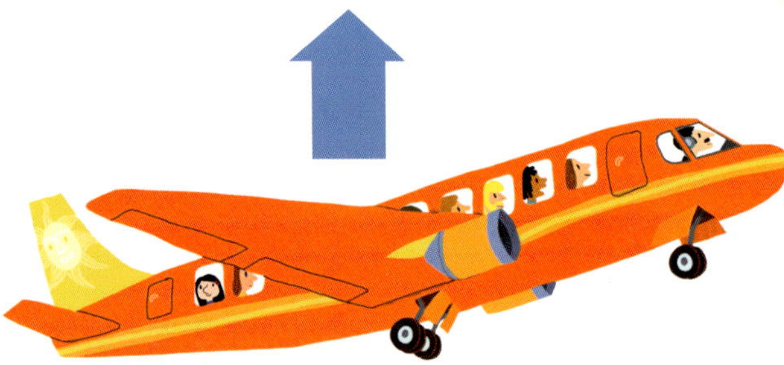

Les réacteurs poussent l'avion pour le faire décoller.

à l'atterrissage

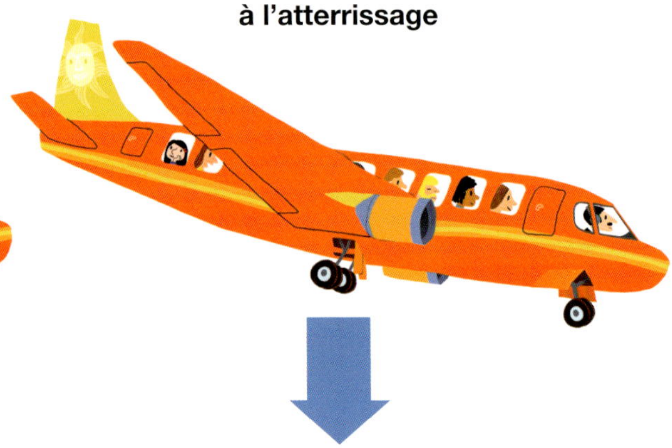

Les réacteurs diminuent leur vitesse pour faire atterrir l'avion.

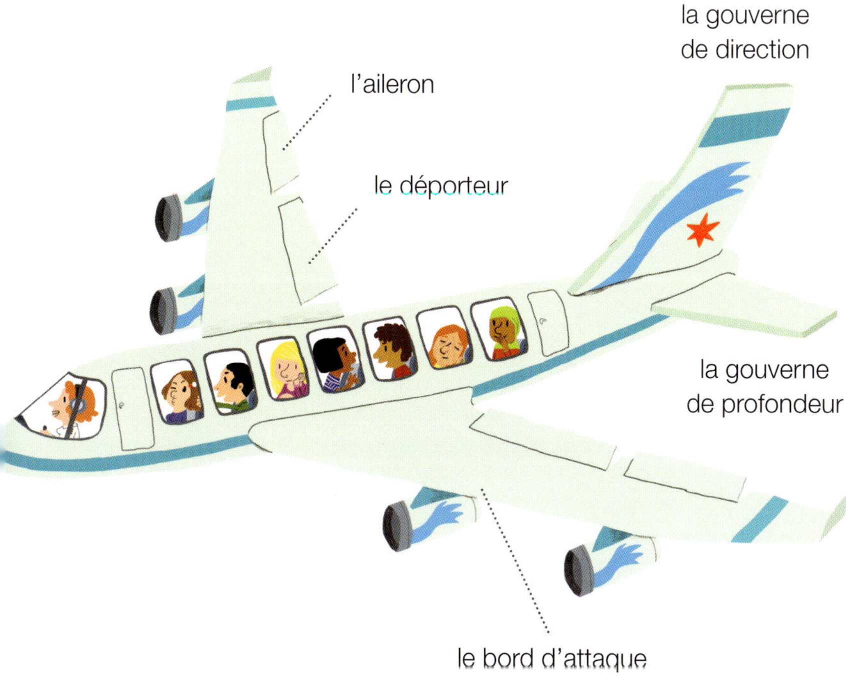

Pour monter ou descendre, aller à gauche ou à droite, le pilote fait bouger des parties mobiles de l'avion.

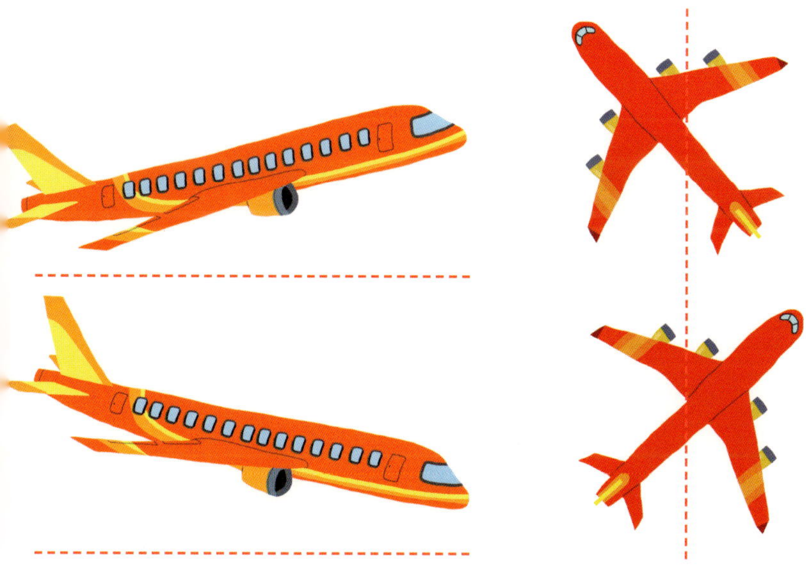

Est-ce que

les avions volent comme les oiseaux ?

Les oiseaux, tu verras qu'ils volent en « s'appuyant » sur l'air. Ils battent des ailes, et leurs os sont creux pour être légers.

Métal, bagages, voyageurs : un avion est très lourd ! Pour décoller, il lui faut une grande poussée donnée par les réacteurs.

En vol, l'avion s'appuie sur l'air avec ses ailes, mais elles ne battent pas. Il garde donc en plus ses réacteurs allumés.

À l'intérieur de l'avion **42**
Le décollage **48**

Le cockpit

C'est la cabine de pilotage à l'avant de l'avion. À l'intérieur, il y a plein de boutons pour diriger l'avion.

C'est quoi, le pilotage automatique ?

Dans la voiture, si papa lâche le volant… catastrophe ! La voiture ne sait pas se diriger toute seule sur la route.

Les avions, eux, ont de gros ordinateurs qui peuvent les diriger, les faire atterrir. Pratique pour les pilotes lors des longs voyages !

C'est le commandant qui règle le pilotage automatique : vitesse, direction… Les machines auront toujours besoin des hommes !

Une machine volante **8**
Le décollage **48**

Construire un avion

C'est comme un puzzle géant ! Les pièces viennent de partout, et il faut les assembler : métal, ailes, réacteurs, électricité...

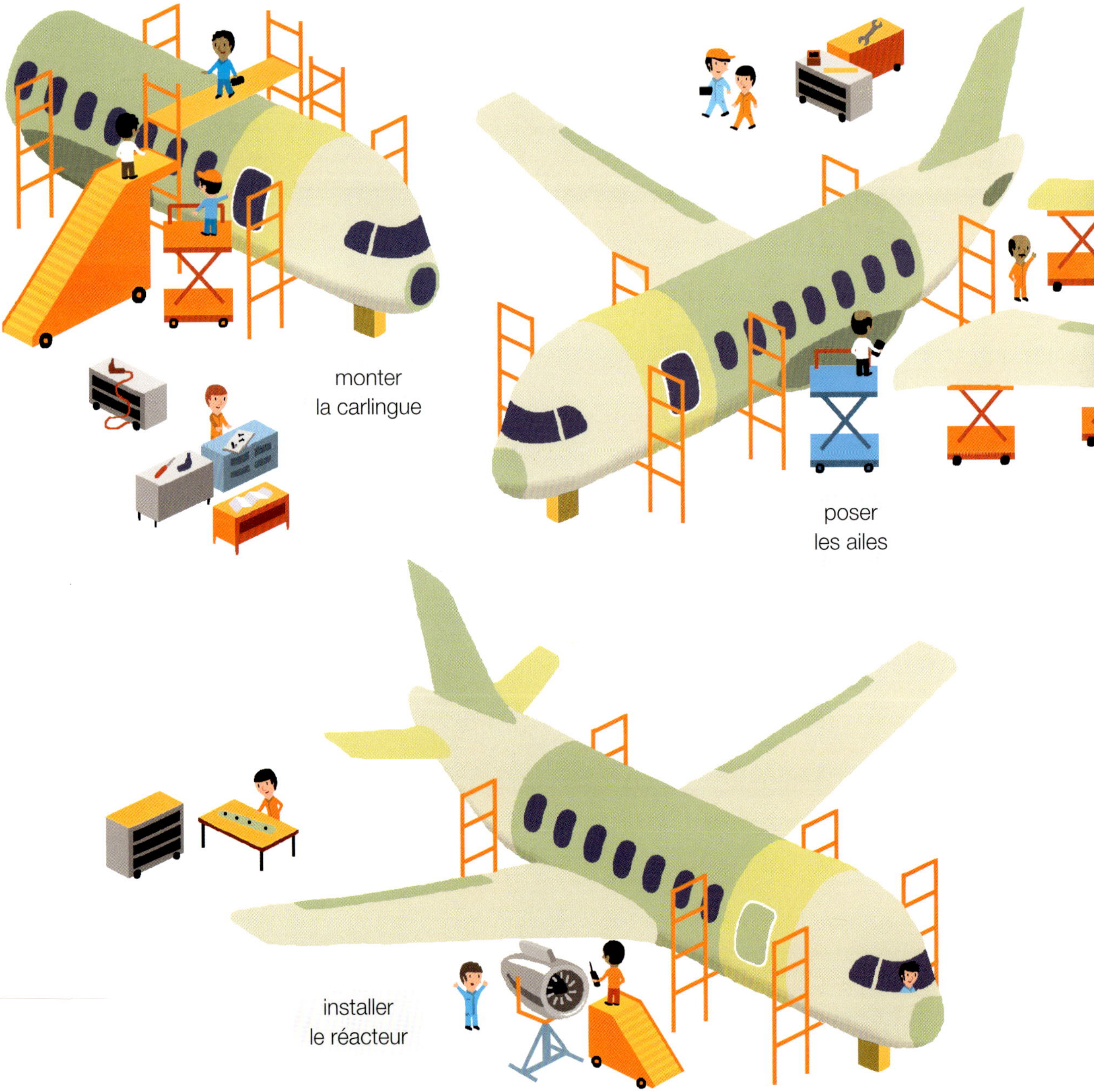

Est-ce que tu peux t'acheter un avion ?

Tes parents ont une voiture, tu connais quelqu'un qui a un bateau... Alors, c'est décidé : plus tard, tu auras un avion !

Un avion coûte plus cher qu'une voiture. Et puis, il faut décoller et atterrir sur un aéroport. Pas pratique pour se garer !

Mais, si c'est ton rêve, tu pourras passer un examen, voler dans un petit avion et peut-être même en avoir un !

La conquête des airs **58**

Préparer l’avion

En vol, un avion est très secoué, alors il faut souvent vérifier s’il est toujours en bon état.

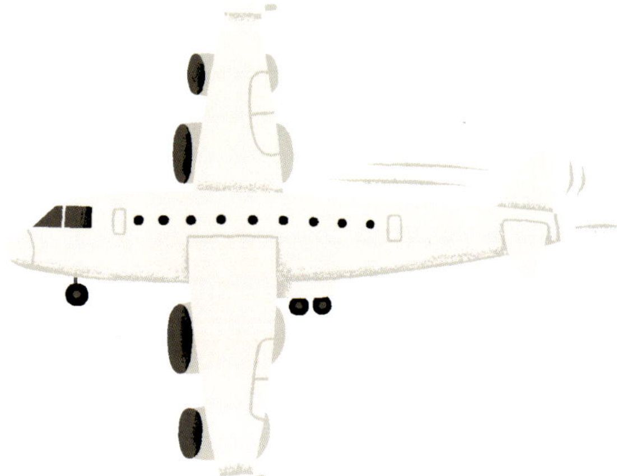

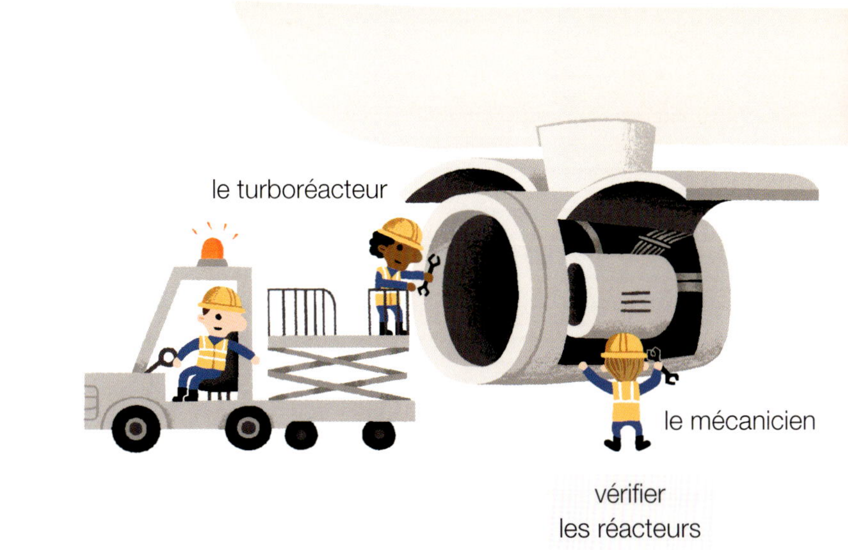

Qui est le chef de l'avion ?

Tu rêves de devenir pilote? Dans un avion, on appelle *commandant de bord* la personne la plus importante.

Il pilote l'avion, mais pas seulement! Il prépare le vol au sol, regarde la météo, vérifie si tout le monde va bien...

En cas de problème, c'est lui qui décide de faire décoller ou non l'appareil. L'as-tu déjà entendu parler au micro dans un avion?

Construire un avion **16**

Voyons voir...

Reconnais-tu ces quatre parties de l'avion?
Peux-tu les nommer?

À quels moments du vol correspondent ces deux images?

C'est toi le mécanicien! Remets ces trois images dans l'ordre de construction d'un avion.

installer les sièges

monter la carlingue

poser les ailes

Qui fait quoi ? Avec ton doigt, relie chaque personnage à son métier.

le mécanicien

le placeur

le commandant de bord

Il existe des avions de toutes les tailles, des petits et des grands !

Et toi, as-tu déjà pris l'avion ?

Montre celui qui ressemble le plus à l'avion dans lequel tu es monté.

L'aéroport

L'arrivée à l'aéroport

Pour prendre l'avion, on va à l'aéroport. C'est un immense endroit d'où décollent et où atterrissent les avions.

Pourquoi les aéroports sont-ils toujours loin de la ville ?

As-tu déjà remarqué ?
Les gares de train sont souvent au centre d'une ville alors que les aéroports sont plus loin.

Un aéroport prend beaucoup de place. Pas facile à trouver en ville ! C'est pour ça qu'ils sont souvent à la campagne.

Et puis, les avions font beaucoup de bruit. Il est difficile de vivre près d'un aéroport. Mieux vaut les éloigner des maisons !

Dans l'aéroport **26**
La tour de contrôle **36**

Dans l'aéroport

À l'intérieur, c'est une vraie petite ville! Des magasins, des gens pressés, de longues files d'attente…

Est-ce que tu peux prendre l'avion tout seul ?

Porter les bagages, trouver son vol, récupérer les billets… Pour prendre l'avion, il faut être accompagné d'un adulte !

Mais, si tu dois prendre l'avion tout seul, ton papa ou ta maman restent quand même avec toi jusqu'à la zone d'embarquement.

Arrivé au portique de sécurité, c'est un agent de vol qui te guide. Dans l'avion on te donne même un jouet pour t'amuser.

L'arrivée à l'aéroport **24**
L'embarquement **34**

Le comptoir d'enregistrement

Ici, l'hôtesse vérifie les papiers des voyageurs. Elle prend aussi les gros bagages.

La carte d'embarquement

Après avoir montré ses papiers d'identité, le voyageur obtient sa carte d'embarquement.

les papiers d'identité

le passeport

la carte d'identité

la carte d'embarquement

le nom de la compagnie aérienne

le nom du passager

date du vol

l'aéroport de départ

l'aéroport d'arrivée

le numéro du vol

le numéro de la porte d'embarquement

le numéro du siège

Peux-tu te tromper d'avion ?

Dans l'avion, ce n'est pas maman qui conduit ! Alors comment sait-elle que l'avion va bien là où elle veut ?

Quand on achète un billet, on paie pour aller d'un endroit à un autre. Le départ et le lieu d'arrivée sont écrits dessus.

À l'aéroport, le billet est vérifié plusieurs fois et par différentes personnes. Alors, impossible de se tromper !

Le chemin des bagages 30
Le débarquement 52

Le chemin des bagages

Les gros bagages partent dans le coffre de l'avion : la soute. Du comptoir au ventre de l'appareil, quel chemin !

Est-ce que ton bagage peut se perdre ?

Quand tu déposes ton bagage sur le tapis, l'hôtesse lui colle une étiquette. Elle indique le numéro de ton avion, où tu vas…

Puis l'étiquette est lue par des ordinateurs pour mettre les bons bagages dans les bons avions. Quelqu'un vérifie aussi.

Il arrive de temps en temps qu'une valise soit en retard. On la rapporte à son propriétaire le lendemain par taxi.

Le débarquement 52

Le portique de sécurité

Avant de monter dans l'avion, des agents de sécurité vérifient qu'aucun passager ne transporte quelque chose de dangereux.

Pourquoi ne peux-tu pas garder ce que tu veux dans l'avion ?

Pourquoi le policier prend-il ta bouteille d'eau et les petits ciseaux de maman ? Pourtant, ils sont à vous !

Un avion est un endroit fermé. Quelqu'un avec un couteau, un pistolet ou un liquide explosif pourrait être dangereux.

Alors la sécurité vérifie que personne n'en apporte dans l'avion. Et le portique sonne quand on porte du métal sur soi.

Dans l'aéroport 26
Les consignes de sécurité 46

L’embarquement

« Les passagers du vol 639 à destination de New York sont priés de se présenter porte 22 pour embarquement immédiat. » *Embarquer*, ça veut dire « entrer dans un avion ».

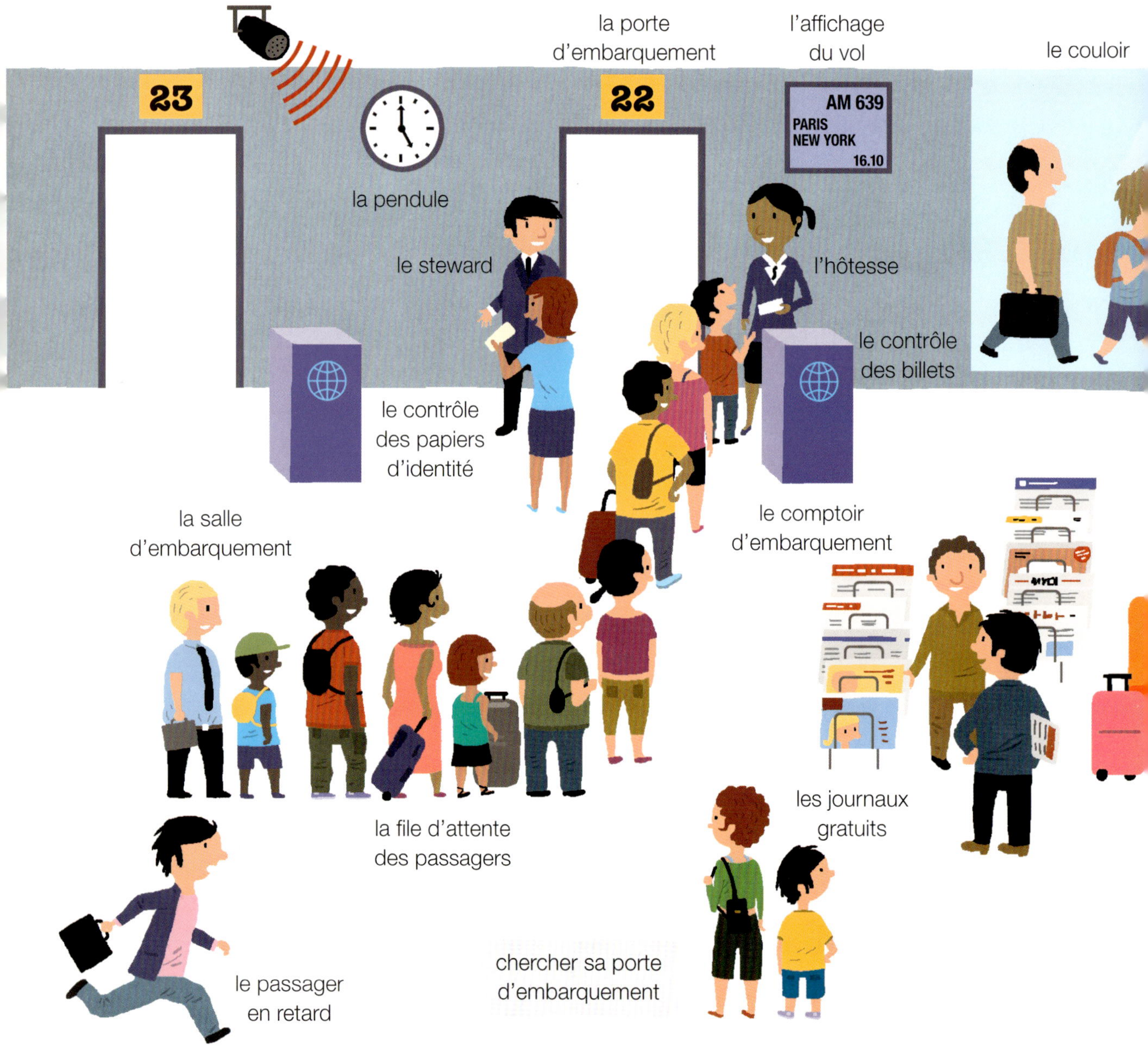

Pourquoi l'avion n'attend-il pas tout le monde ?

« Dernier appel pour M. Dupont avant fermeture des portes de l'avion. » As-tu déjà entendu une annonce comme celle-là ?

Il y a de nombreux passagers dans un avion. Impossible d'attendre tout le monde ! Il faut être à l'heure, sinon… c'est raté !

Et puis l'avion ne reste jamais longtemps au sol. Il est attendu dans une autre ville, d'où il repartira pour un nouveau vol.

S'installer dans l'avion 44
Le débarquement 52

La tour de contrôle

Depuis la tour de contrôle, les contrôleurs jouent un rôle très important. Ils guident les avions sur les pistes et dans le ciel.

Est-ce qu'un avion peut se perdre ?

Dans le ciel, on ne peut pas voler n'importe où. Il existe des routes qu'on ne voit pas, ce sont les *couloirs aériens*.

Avant le départ, le pilote prépare son voyage : le plan de vol. Il devra le suivre pour ne pas se perdre et éviter une collision.

Si l'avion sort de sa route, le pilote et la tour sont alertés. Cette dernière guidera le pilote pour qu'il retrouve son chemin.

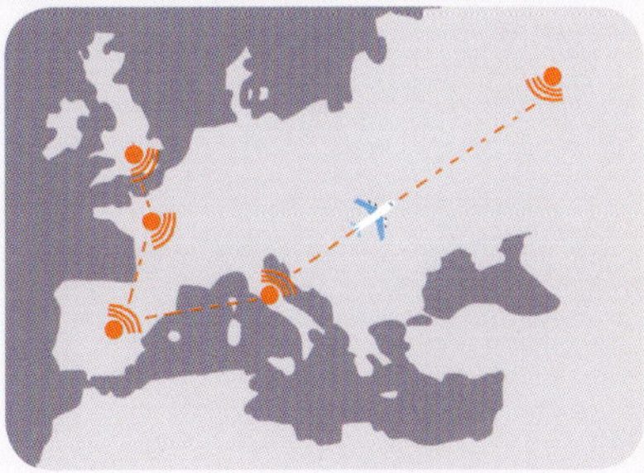

Le cockpit **14**
L'arrivée à l'aéroport **24**

Voyons voir...

Nomme ces différents moyens de transport qui permettent d'aller à l'aéroport.

Aide le voyageur indiqué par un point rouge. Avec ton doigt, montre-lui le chemin jusqu'à la porte d'embarquement. N'oublie pas de récupérer sa carte d'embarquement !

Chasse l'intrus. Parmi ces papiers, un seul n'est pas obligatoire pour monter dans l'avion. Lequel?

Sais-tu pourquoi ce bagage a une étiquette? À quoi sert-elle?

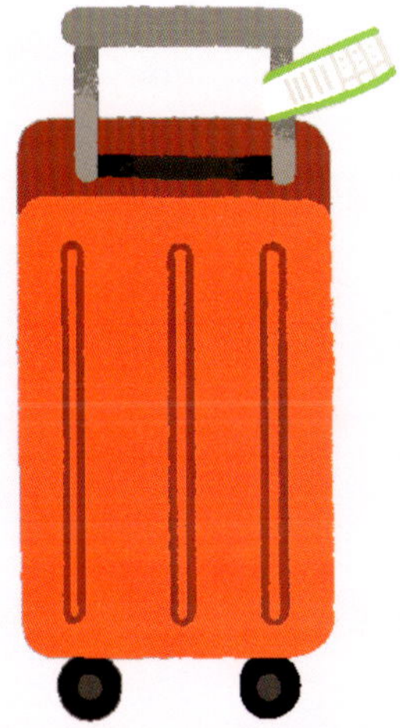

Tous ces passagers vont passer sous le portique de sécurité. Lequel d'entre eux va le faire sonner? Pourquoi d'après toi?

Et toi, te souviens-tu d'être déjà passé sous un portique? As-tu déclenché la sonnerie? Pourquoi?

Le voyage en avion

À l'intérieur de l'avion

C'est un peu comme dans une maison. Il y a plusieurs « pièces »! Certaines sont réservées aux passagers, d'autres à l'équipage.

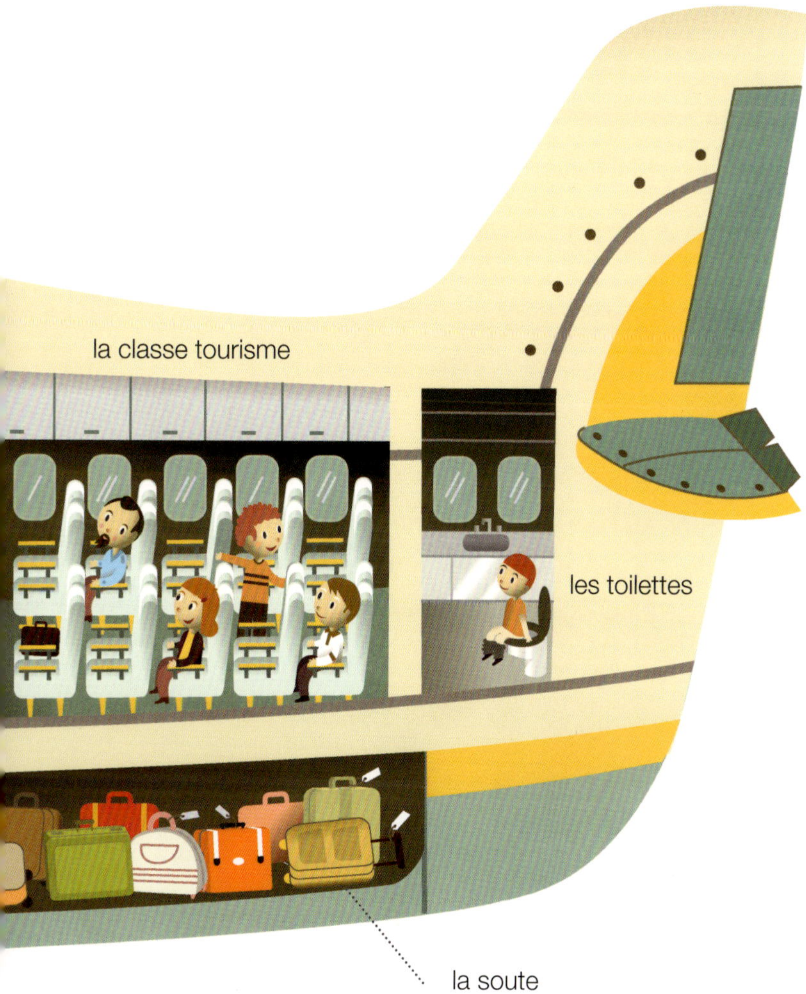

Est-ce que tu peux t'asseoir où tu veux ?

« Début de l'embarquement. Nous appelons les passagers assis des rangées 30 à 10. » Pour entrer dans l'avion, il y a un ordre.

Sur la carte d'embarquement, il y a un code avec une lettre et un numéro. Le code correspond à une place précise.

Dans l'avion, l'hôtesse vérifie que tout le monde est bien assis à sa place. Sinon... ce serait vraiment le bazar !

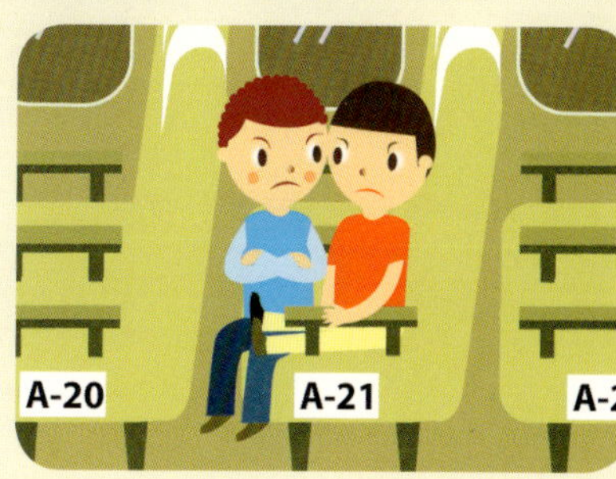

Une machine volante **8**
L'embarquement **34**

S'installer dans l'avion

Une fois dans l'avion, tout le monde va s'asseoir à sa place. Les hôtesses sont là pour aider les passagers.

Pourquoi
parle-t-on dans une langue que tu ne comprends pas ?

« *Ladies and gentlemen, welcome on board...* » Le chef de cabine parle en plusieurs langues, comme en français et en anglais.

Il y a souvent des voyageurs de pays différents dans un avion. L'anglais est la langue la plus parlée et la plus comprise.

Elle est donc utilisée dans tous les avions. Si tu as déjà voyagé loin, quelles autres langues as-tu entendu parler ?

Les règles à suivre **47**
En vol **50**

Les consignes de sécurité

Avant le décollage, l'hôtesse montre
ce qu'il faut faire pour que le vol se passe bien.
Elle explique aussi les gestes en cas de danger.

comment attacher
sa ceinture

comment détacher
sa ceinture

mettre son
gilet de sauvetage

prendre le masque à
oxygène

repérer les sorties
de secours

relever sa tablette
au décollage et à l'atterrissage

redresser son siège
au décollage et à l'atterrissage

en vol, attacher sa ceinture
si le signal s'allume

l'hôtesse vérifie
si tout va bien

Les règles à suivre

Pendant le vol, il y a des règles à respecter pour ne pas gêner les autres passagers et les ordinateurs de l'avion.

Il est interdit d'aller aux toilettes pendant le décollage et l'atterrissage.

Les téléphones portables doivent être éteints.

Il est interdit d'utiliser des appareils électroniques au décollage et à l'atterrissage.

Est-ce que l'avion peut tomber du ciel ?

Un gilet de sauvetage, un masque s'il n'y a plus d'air... Tu te demandes peut-être si les accidents arrivent souvent !

Les crashs sont très rares. Mais, par prudence, le personnel de l'avion explique tout ce qu'il faut faire s'il y a un danger.

Sais-tu qu'il y a moins d'accidents d'avion que de voiture ou de vélo ? Voyager en avion, c'est moins dangereux.

La notice de sécurité 86

Le décollage

Les moteurs se mettent à faire du bruit, l'avion fonce sur la piste puis se soulève du sol… C'est parti !

le décollage

rentrer le train d'atterrissage

avoir l'impression d'être collé au siège

sentir ses oreilles se boucher

être en vol

détacher sa ceinture

L'atterrissage

L'aéroport d'arrivée est en vue. Le pilote ralentit l'avion et le fait descendre pour atterrir sur la piste.

commencer la descente

attacher sa ceinture

se placer face aux éclairages de la piste

sortir le train d'atterrissage

atterrir

Pourquoi l'avion secoue-t-il parfois ?

Parfois, l'avion bouge. Ça secoue comme un manège ! Ce sont des *turbulences*. Le steward demande d'attacher sa ceinture.

Des nuages, un orage, du vent… Dans le ciel, l'air n'est pas immobile, il bouge… et l'avion avec lui !

Ça peut faire un peu peur ! Heureusement, les avions sont très solides et sont construits pour résister aux turbulences.

Voler **12**
Le cockpit **14**

En vol

L'avion a décollé. Il vole maintenant au-dessus des nuages. À bord, tout le monde s'occupe pendant le voyage.

prendre
une boisson

manger
son plateau-repas

regarder
un dessin animé

jouer
à un jeu vidéo

faire des jeux

écouter de la musique

s'ennuyer pendant un long trajet

dormir

aller aux toilettes

attendre son tour

lire un livre ou un journal

appeler une hôtesse si on a besoin de quelque chose

regarder par le hublot

se préparer à l'atterrissage

Quand vas-tu manger dans l'avion ?

Quand l'avion décolle, il est penché et tout le monde doit rester à sa place, même les hôtesses. Il faut donc attendre pour manger.

Ce n'est qu'une fois l'avion en vol que l'hôtesse vient te voir avec son chariot pour te proposer de quoi boire et grignoter.

Si le voyage dure très longtemps, l'hôtesse distribue un gros plateau-repas. Et toi, as-tu déjà mangé dans l'avion?

S'installer dans l'avion 44
Les consignes de sécurité 46

Le débarquement

L'avion a atterri. Les passagers débarquent : ils descendent de l'avion et entrent dans l'aéroport d'arrivée.

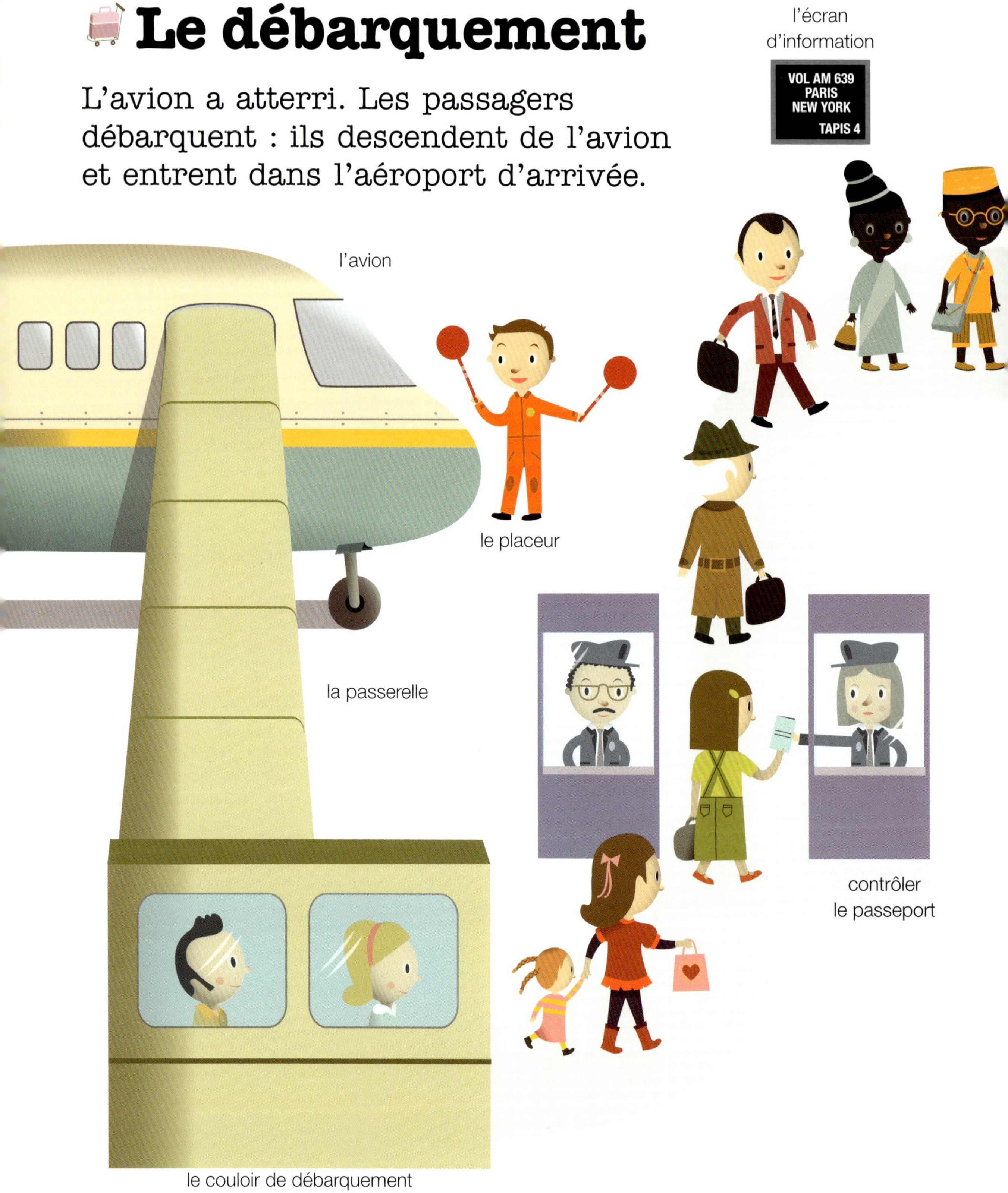

C'est quoi, le décalage horaire ?

Sur la Terre, il ne fait pas jour et nuit au même moment partout. D'un endroit à l'autre, l'heure peut donc être différente.

Il peut être midi en France et 6 heures en Amérique. Quand on voyage loin, on change l'heure de sa montre à l'arrivée.

Au début, ce n'est pas facile de s'y habituer. Tu peux n'avoir pas du tout sommeil alors qu'il fait nuit noire !

Le chemin des bagages **30**
L'embarquement **34**

Voyons voir...

Chasse l'intrus. Trois personnes se sont trompées de cabine. Les vois-tu?

Relie chacun de ces signaux à sa définition.

les toilettes

mettre sa ceinture

la sortie de secours

éteindre son téléphone

Remets ces vignettes dans l'ordre du décollage à l'atterrissage.

Ces passagers font un long voyage en avion.
À quoi le devine-t-on?

Sais-tu pourquoi ce personnage
règle l'heure sur sa montre?

Au décollage et à l'atterrissage, il y a des choses
que l'on a le droit de faire et d'autres qui sont interdites. Sais-tu pourquoi?
Avec ton doigt, montre ce que tu n'as pas le droit de faire quand l'avion décolle et atterrit.

Dans ton école aussi, il y a des choses qu'il est interdit de faire.
Lesquelles? Existe-t-il un règlement?

Toujours plus haut !

La conquête des airs

L'homme a toujours rêvé de voler ! Petit tour au musée pour découvrir quelques-uns des premiers avions.

Peut-on
aller encore plus loin ?

À chaque fois que l'homme construit un nouvel engin pour voler, il essaie de faire encore mieux : plus loin, plus vite...

Dans l'espace, pour l'instant, les hommes ne se sont posés que sur la Lune. Mais ils rêvent d'aller sur Mars...

Aller sur Mars, c'est encore compliqué. Mais ça pourrait arriver dans 30 ou 40 ans... quand tu seras grand !

Petits et grands avions **10**
Petite histoire de l'aviation **88**

D'autres moyens de voler

Souvent, les hommes aiment voler parce que cela donne des sensations fortes, de la joie et un peu de peur en même temps !

le planeur

le parachute ascensionnel

l'ULM

C'est quoi, le vertige ?

En hauteur, tu peux avoir une drôle de sensation : l'impression que tu vas tomber dans le vide... C'est ça, avoir le vertige !

On peut ne pas vouloir monter à une échelle ou dans un avion. On a peur même si on sait qu'il n'y a pas de danger.

C'est souvent la peur qui donne cette impression. Il faut essayer petit à petit. Et toi, as-tu déjà eu le vertige ?

Petits et grands avions 10
L'hélicoptère 62

L'hélicoptère

C'est un véhicule volant qui décolle
et atterrit verticalement grâce
à de grandes hélices et à un moteur.

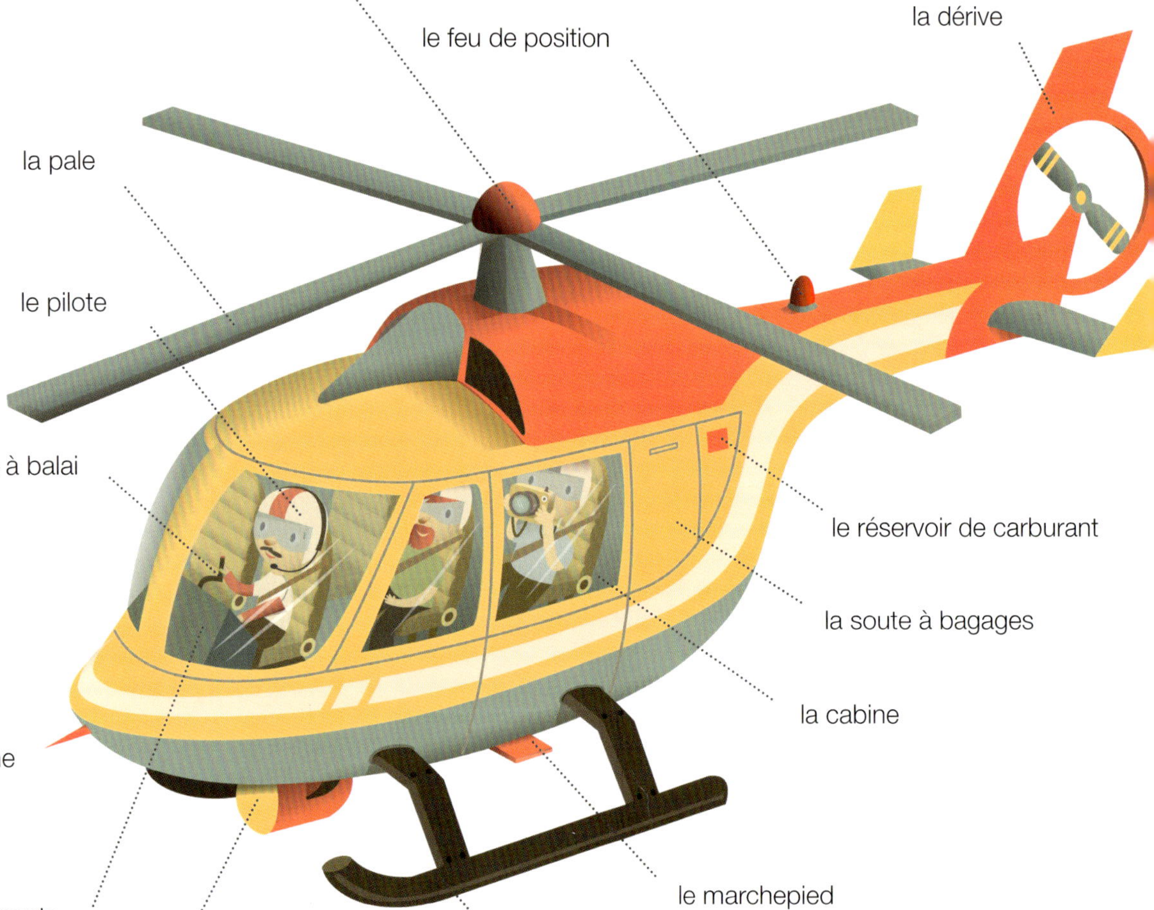

La montgolfière

Une montgolfière est un énorme ballon qui s'envole « tout droit » grâce à de l'air chaud.

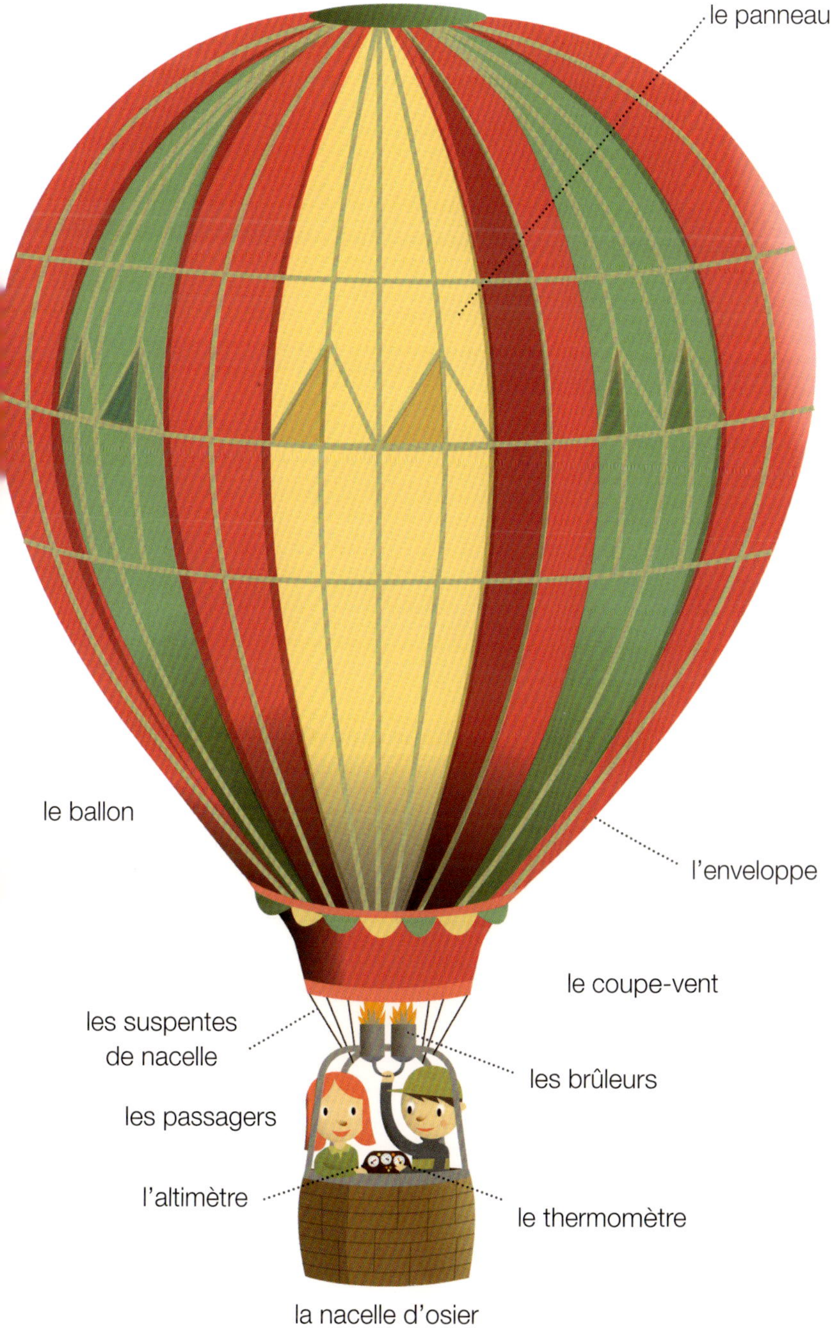

Pourquoi les sauveteurs ont-ils des hélicoptères ?

Sur des images de sauvetages en mer ou en montagne, tu as peut-être vu qu'on utilise des hélicoptères et non des avions.

L'hélicoptère est plus pratique que l'avion. Il peut rester longtemps sur place dans les airs pour récupérer quelqu'un en bas.

Il se pose aussi « tout droit » et n'a pas besoin d'une longue piste. Idéal pour se poser dans des endroits tout petits !

D'autres moyens de voler **60**
Petite histoire de l'aviation **88**

Le meeting aérien

Place au spectacle ! Chaque avion montre les figures incroyables qu'il peut réaliser : c'est la voltige aérienne.

Est-ce que
c’est facile de piloter ?

Tu rêves de voler toi-même dans le ciel ? Un avion de tourisme est plus facile à conduire qu’un gros avion de ligne.

Comme pour une voiture : il faut apprendre avec un professeur, travailler et passer un permis, qu’on appelle *brevet*.

Plus on veut aller loin, plus on doit passer de brevets difficiles. Connais-tu quelqu’un qui ait son brevet de pilote ?

Les avions militaires

Pour se battre ou se défendre, les hommes imaginent des avions toujours plus forts et toujours plus rapides.

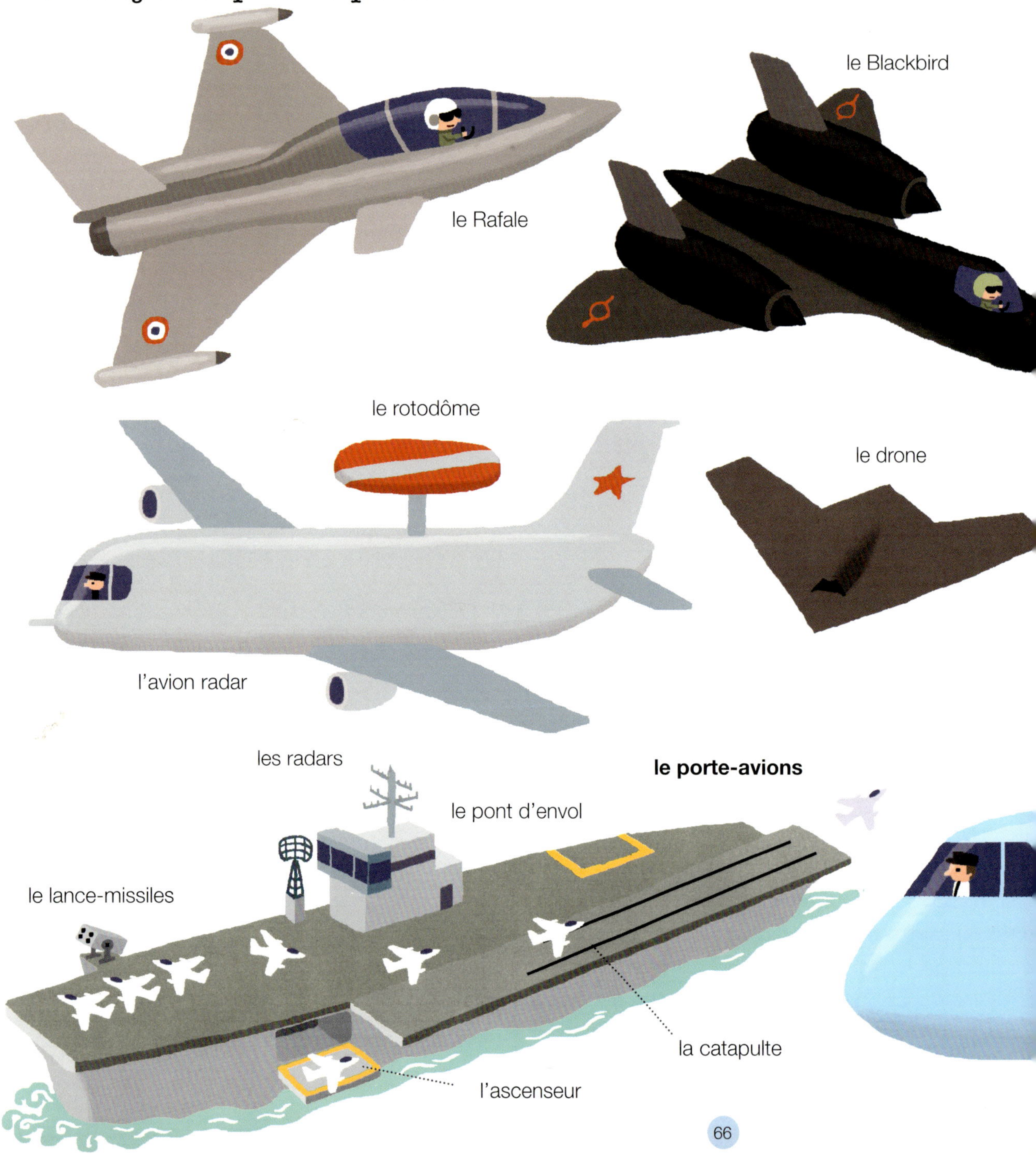

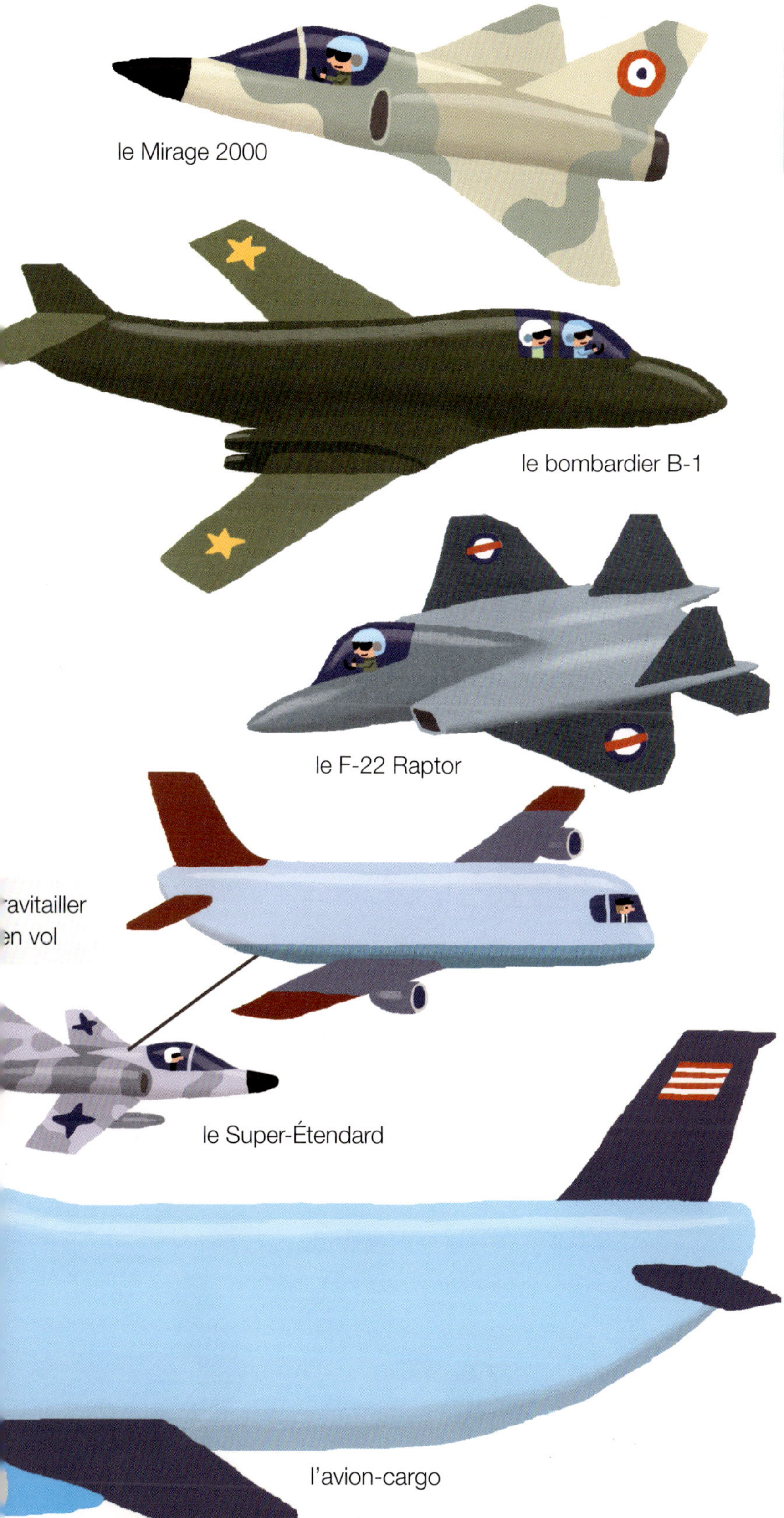

Y a-t-il des avions invisibles ?

Pour faire la guerre, tous les combattants se cachent de l'ennemi. Même les avions essaient d'être « invisibles ».

Mais des radars puissants peuvent trouver les avions dans le ciel et indiquer à leurs ennemis où ils sont.

Alors les hommes fabriquent des avions avec une forme ou des peintures spéciales que les radars ne peuvent pas repérer.

La conquête des airs **58**
Petite histoire de l'aviation **88**

Voyons voir...

Peux-tu classer ces avions du plus vieux au plus récent?

Reconnais-tu les silhouettes de ces machines pouvant voler?
Relie chacune d'elles à son nom.

le parapente | l'ULM | le Deltaplane | le planeur

Ces engins ont tous un point commun. Lequel?

Que se passe-t-il sur cette scène ?

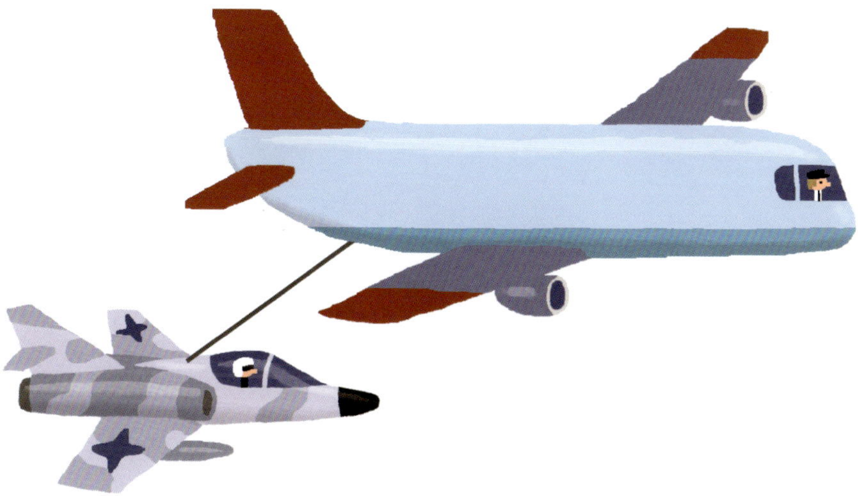

Ces avions font des figures incroyables dans le ciel !
As-tu déjà assisté à un meeting aérien ?
Connais-tu d'autres disciplines dans lesquelles on fait des acrobaties ?

X-2050

Les fusées

La base de lancement

Loin des maisons, dans un lieu très protégé, voici l'endroit d'où sont lancées les fusées !

D'où sont lancés les engins de l'espace ?

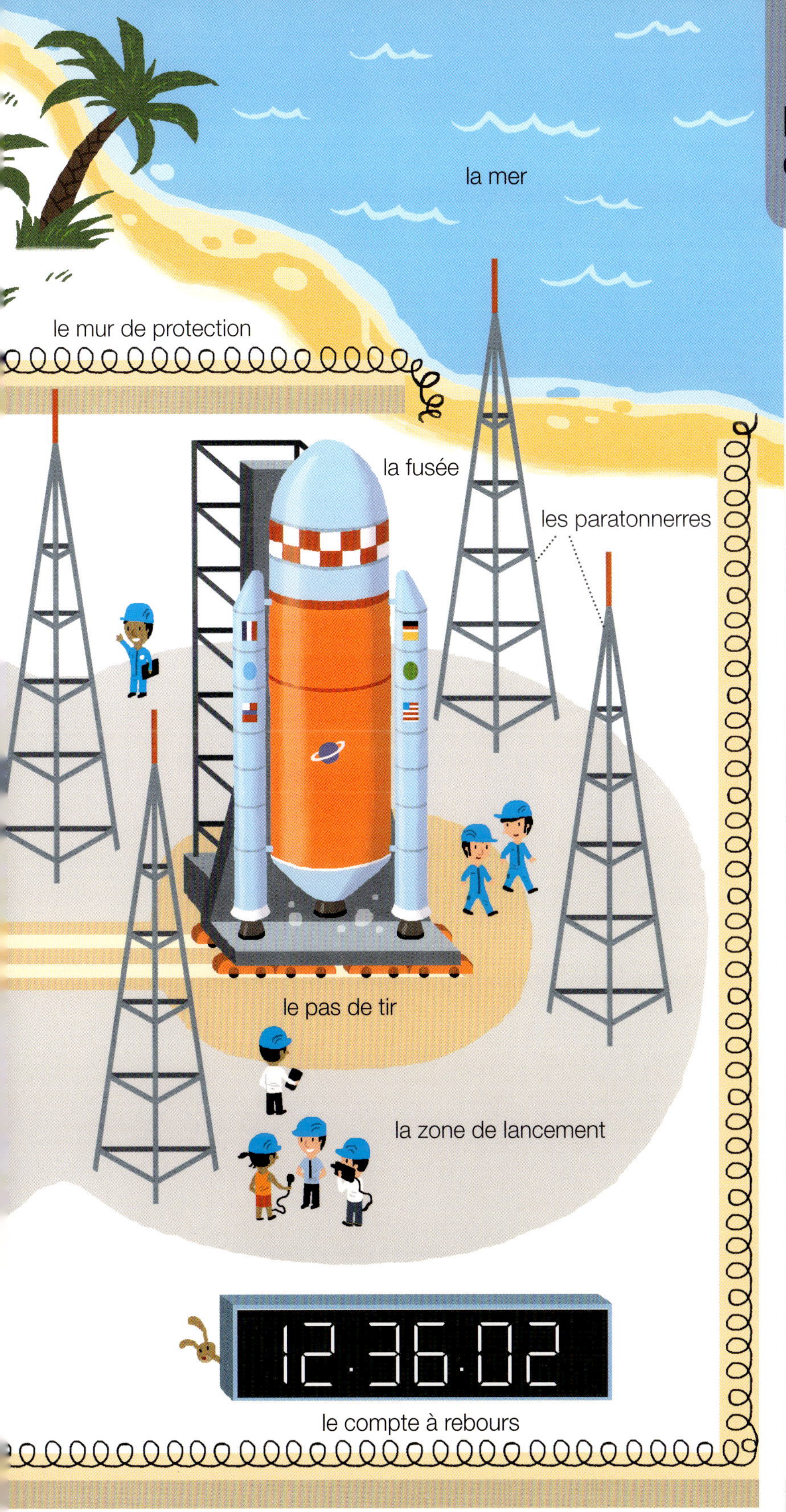

Tu as peut-être déjà pris l'avion. Alors tu te dis : « Pourquoi ne pas faire un petit voyage en fusée ? »

Construire une fusée coûte beaucoup d'argent ! On ne va dans l'espace que pour faire des recherches, des expériences.

Mais on commence à imaginer des engins capables de voler dans l'espace pour le plaisir. À quand un baptême de l'espace ?

La fusée **74**
Le vol **75**

La fusée

Pour aller jusque dans l'espace, la fusée a des moteurs plus puissants que ceux des avions.

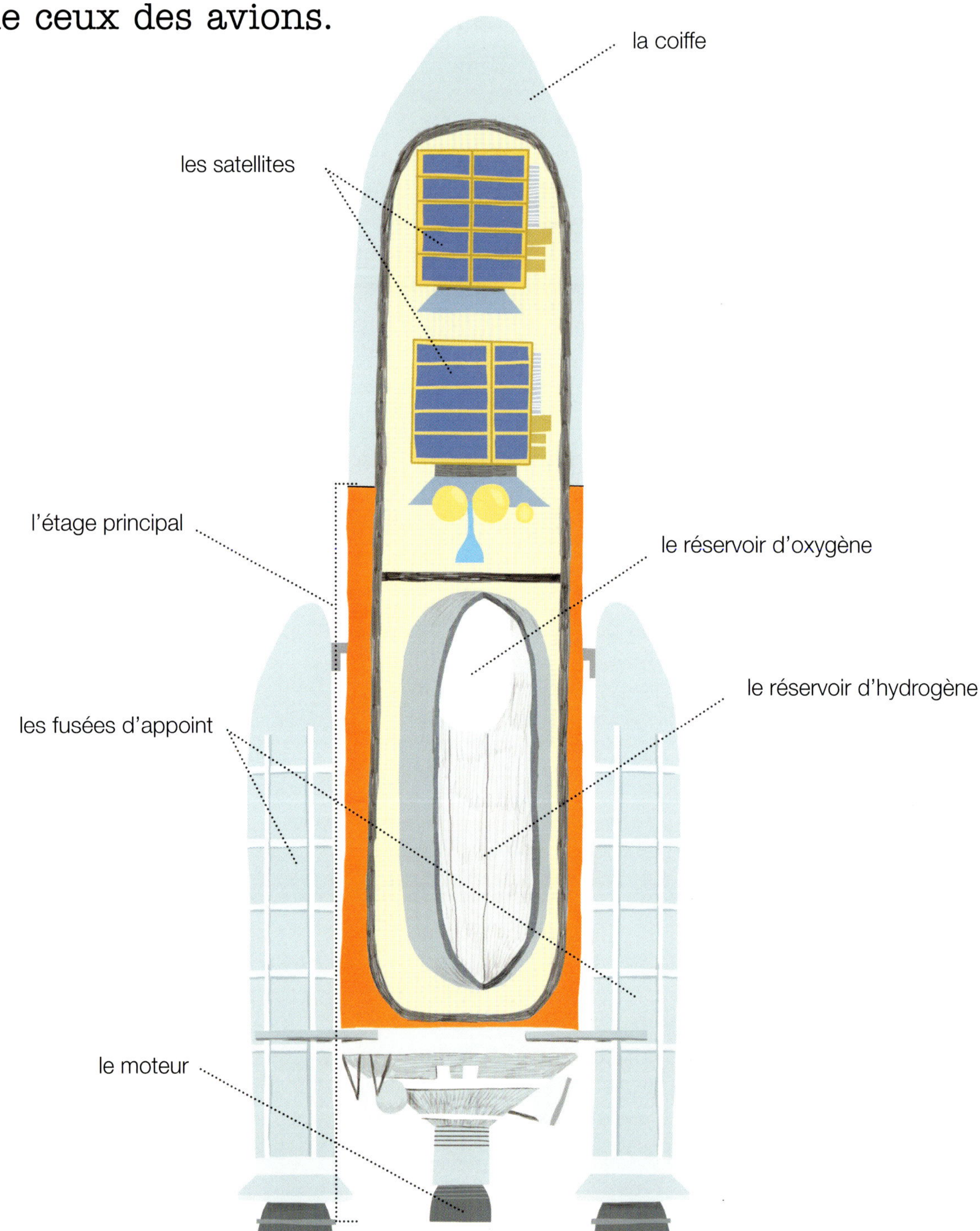

Le vol

En vol, plusieurs parties de la fusée se décomposent. Elle ne peut faire qu'un vol.

Pourquoi lancer des fusées ?

Sais-tu qu'il y a rarement des hommes dans les fusées qui décollent pour l'espace? La plupart ne transportent que du matériel.

Les fusées mettent surtout en orbite des satellites. Ce sont des yeux et des oreilles géants, pour tout voir et tout entendre.

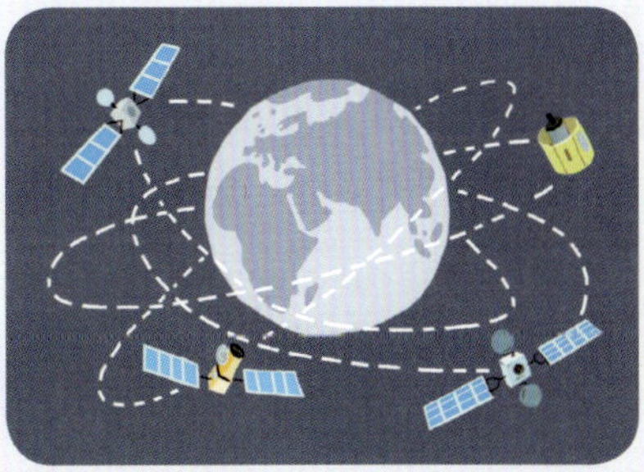

Grâce à eux, on peut regarder la télévision ou connaître la météo. Et ils peuvent même servir d'espions…

Le premier pas sur la Lune **78**
La conquête spatiale **90**

Des hommes dans l'espace

Dans l'espace, les hommes voyagent dans une capsule cachée dans le haut de la fusée. Direction la station spatiale !

s'entraîner avant le départ

être en bonne santé

s'habituer à être secoué

s'habituer à l'apesanteur

le scaphandre

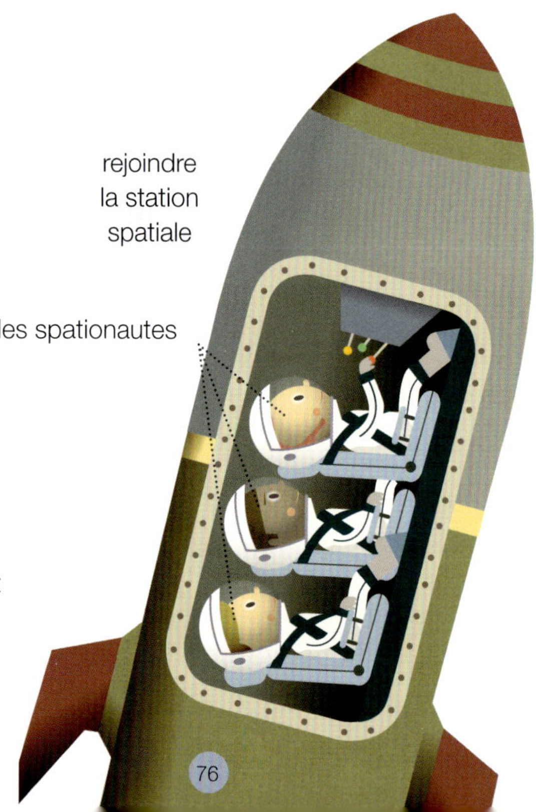

la station spatiale

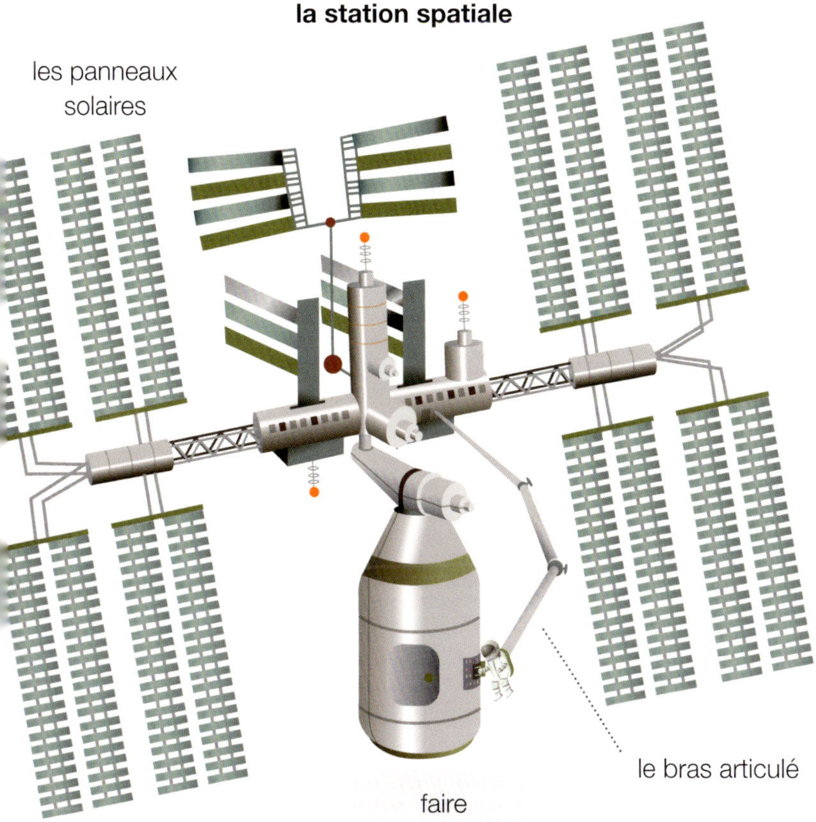

dans la station spatiale

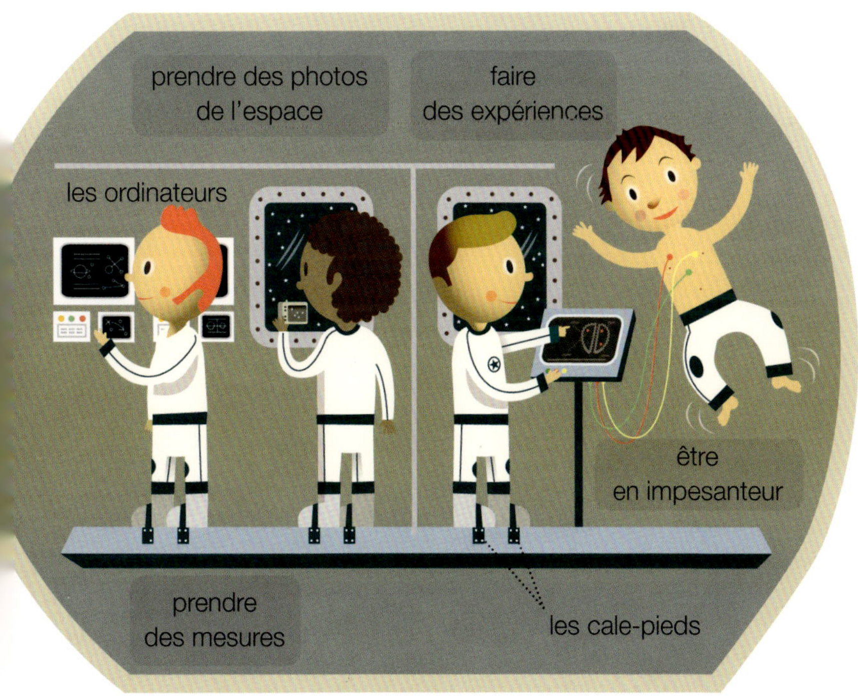

Est-ce qu'on mange comme sur Terre ?

Dans l'espace, c'est un peu comme sous l'eau, les objets et les corps flottent tout seuls. C'est l'impesanteur.

Pour boire, les spationautes utilisent alors des pailles, sinon leur boisson pourrait « s'échapper » de leur verre !

Ils mangent aussi de la nourriture spéciale qui ne fait pas de miettes. Les repas sont préparés sur Terre avant le départ.

Le premier pas sur la Lune **78**
La conquête spatiale **90**

Le premier pas sur la Lune

En 1969, la mission *Apollo 11* emmène pour la première fois des hommes sur la Lune.

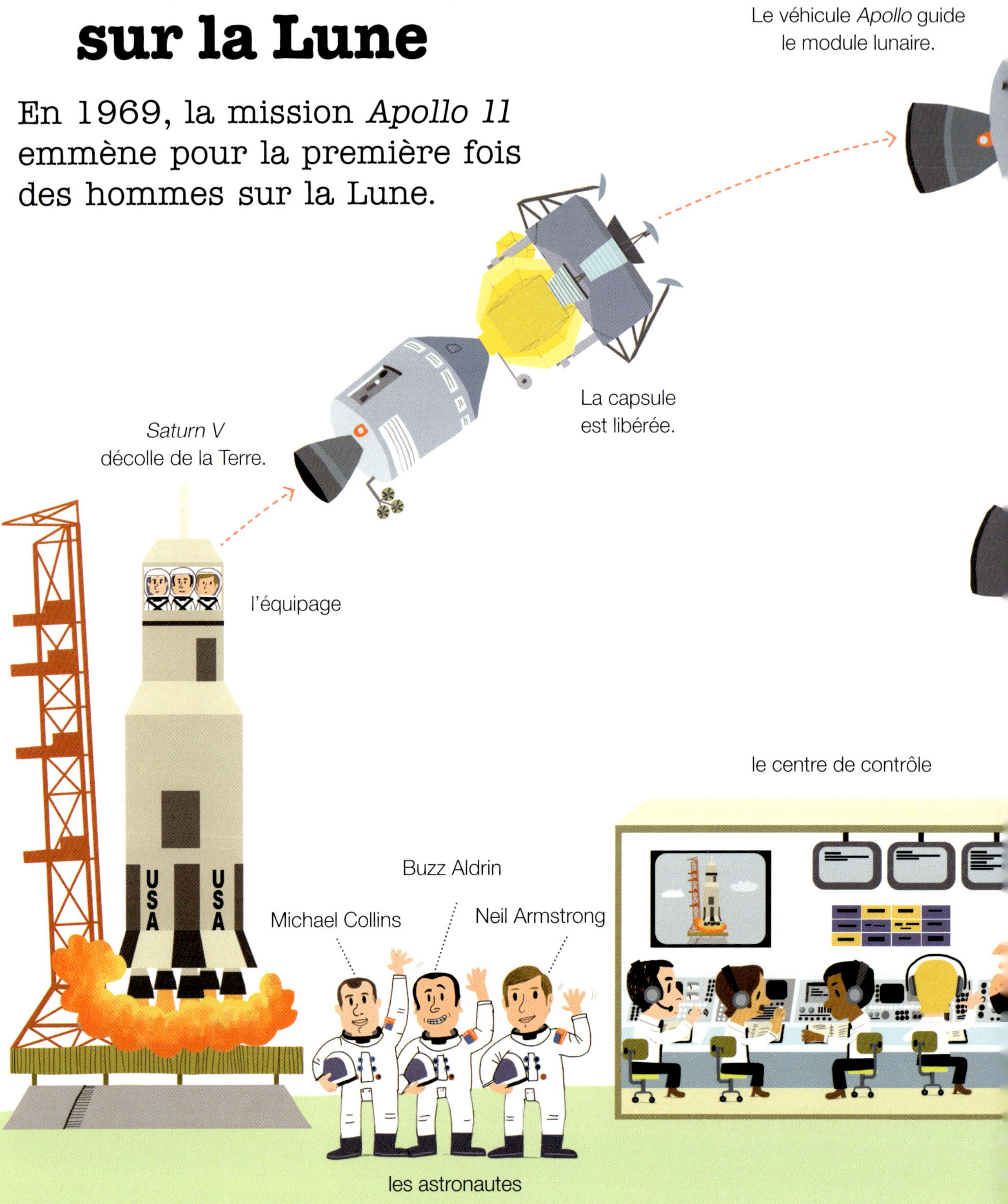

Qui a été le premier dans l'espace ?

Neil Armstrong a été le premier homme à marcher sur la Lune. Mais il n'est pas le premier à être allé dans l'espace.

Huit ans avant, Iouri Gagarine avait été le premier homme dans l'espace. Pourtant, on y était déjà allé avant lui...

Le tout premier voyageur à être allé dans l'espace était... une chienne ! Elle s'appelait Laïka.

La conquête spatiale 90

Les véhicules du futur

Les hommes ont sans cesse de nouvelles idées et essaient d'imaginer à quoi ressembleront les avions dans 50 ou 100 ans !

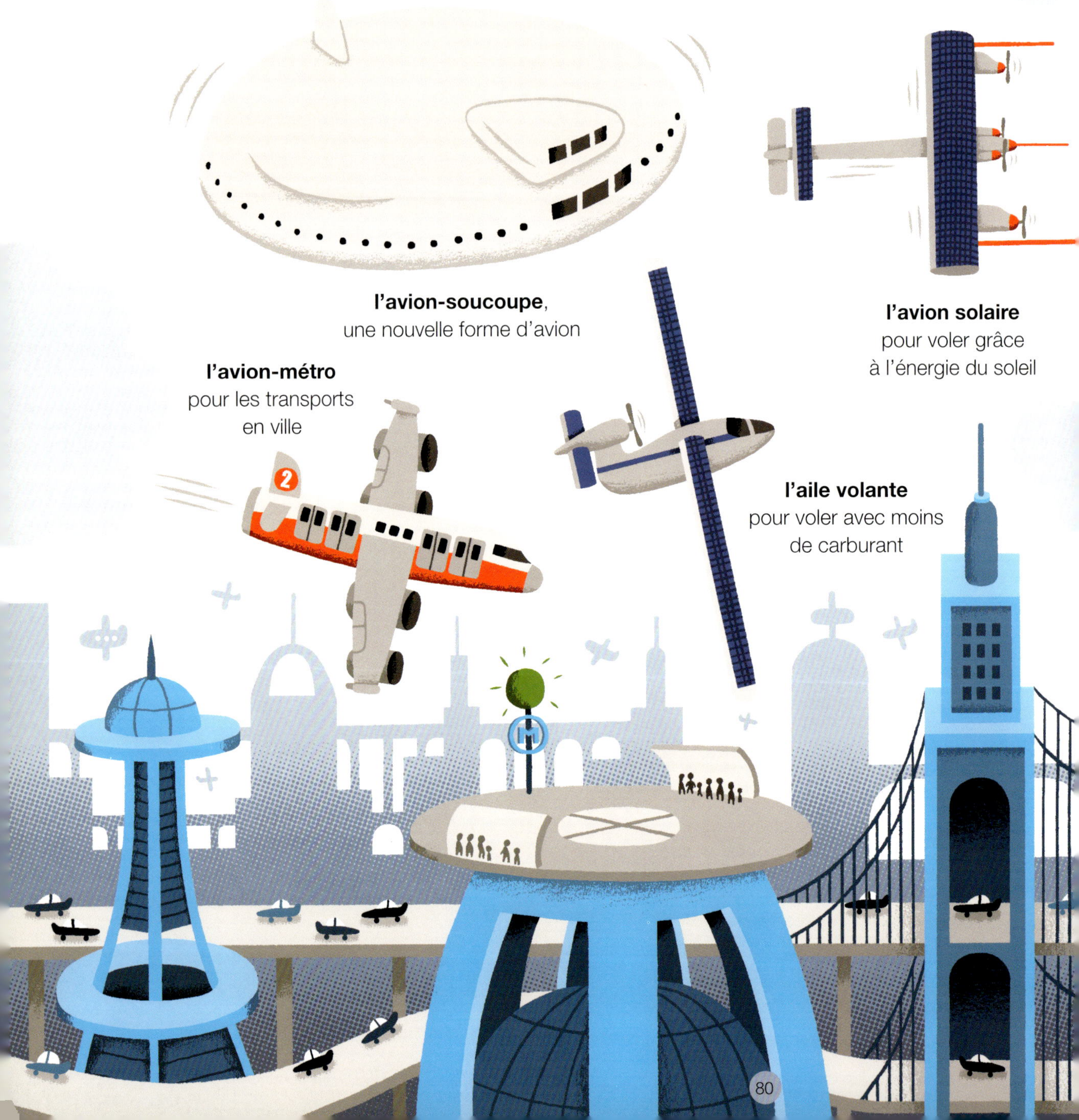

l'avion-soucoupe, une nouvelle forme d'avion

l'avion solaire pour voler grâce à l'énergie du soleil

l'avion-métro pour les transports en ville

l'aile volante pour voler avec moins de carburant

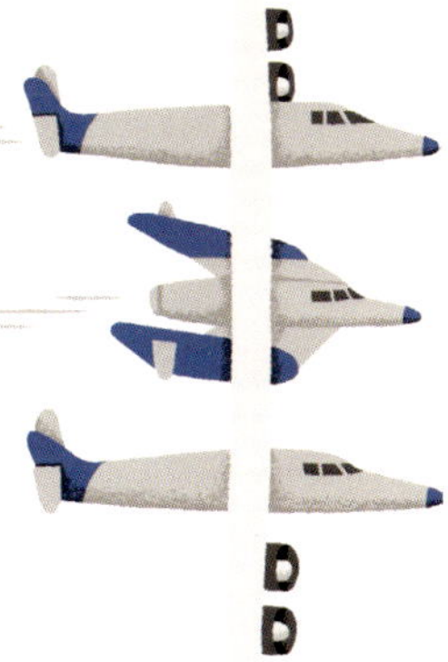

le SpaceShipTwo
pour faire voler des touristes
quelques minutes dans l'espace

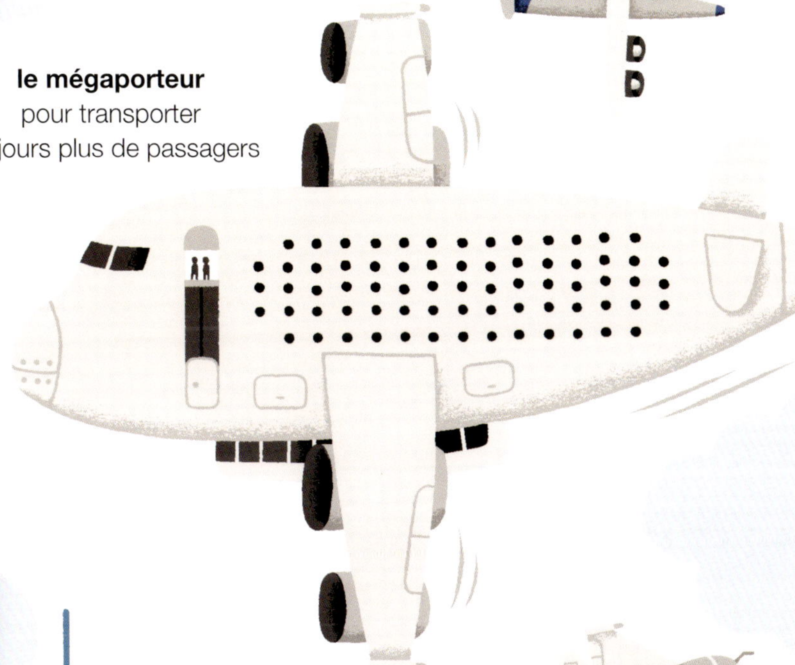

le mégaporteur
pour transporter
ujours plus de passagers

l'avion militaire invisible
pour ne plus être vu par l'ennemi

Pourquoi les avions polluent-ils ?

Les avions polluent parce qu'ils ont de très gros moteurs qui rejettent des gaz mauvais pour les hommes et la planète.

Ils font aussi beaucoup de bruit : cela gêne les personnes qui habitent à côté des aéroports. Alors il faut trouver des solutions !

Avion solaire, carburants bios, grandes ailes... Les constructeurs doivent aujourd'hui chercher à réduire la pollution des avions.

Petite histoire de l'aviation 88
La conquête spatiale 90

Voyons voir...

Le compte à rebours a commencé. Vite, conduis la fusée jusqu'au pas de tir!
Montre le chemin avec ton doigt.

Que se passe-t-il sur cette image?

Lequel de ces personnages est bien équipé pour voyager dans l'espace?

Pourrais-tu remettre dans l'ordre les épisodes de la conquête de la Lune ?

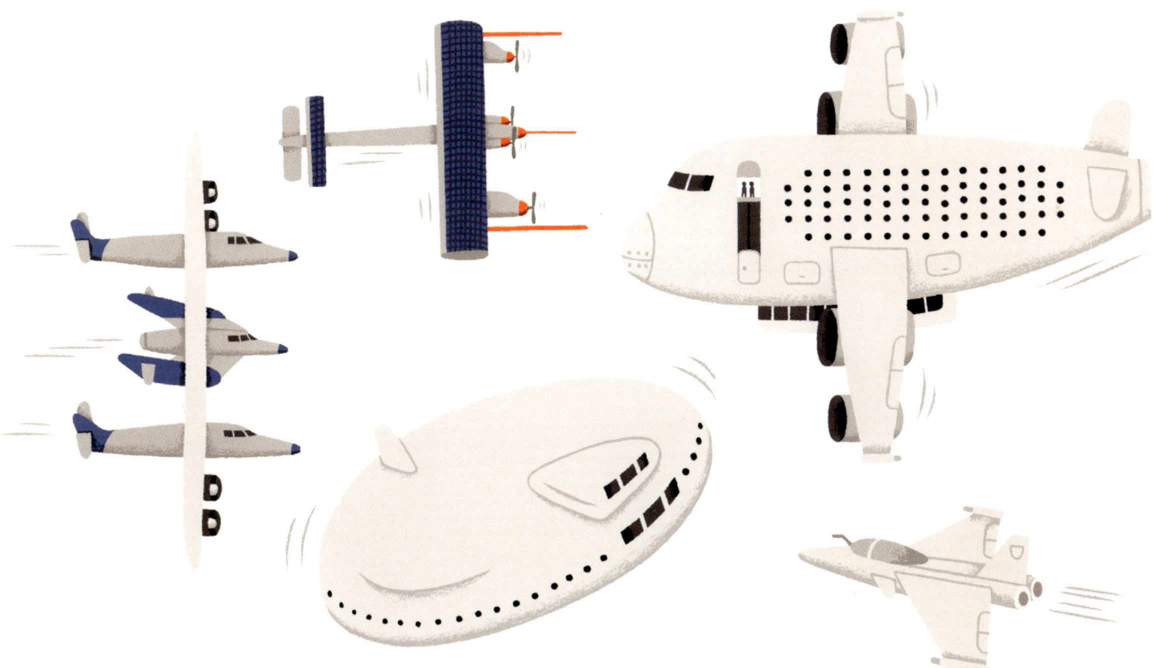

Tous ces véhicules sont des engins du futur.
Et toi, as-tu déjà imaginé dans quel véhicule tu voyageras quand tu seras plus grand ?
À quoi ressemblera-t-il ? Saurais-tu le dessiner ?

Les uniformes

la pilote de ligne

le pilote de chasse

l'hôtesse de l'air

le steward

La notice de sécurité

mettre sa valise dans le coffre
à bagages ou sous son siège

relever sa tablette
au décollage et à l'atterrissage

attacher sa ceinture

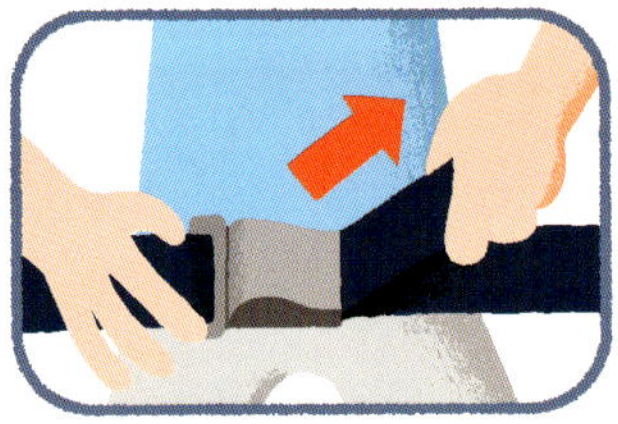

ajuster sa ceinture

détacher sa ceinture

prendre le masque
à oxygène

mettre le masque
sur son visage

sortir le gilet
de sauvetage

enfiler le gilet

tirer sur les poignées
pour gonfler le gilet

ouvrir la sortie de secours

Le toboggan se déplie.

glisser sur le toboggan pour quitter l'avion

les sorties de secours

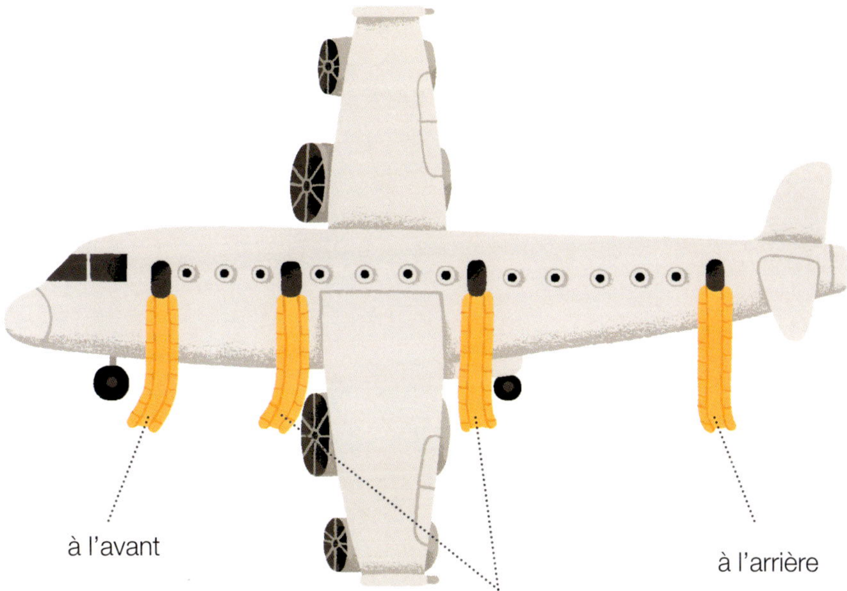

Au décollage et à l'atterrissage, certains appareils doivent être éteints.

le téléphone portable

les jouets télécommandés

le talkie-walkie

la télévision

la radio

l'ordinateur portable

la caméra

le lecteur MP3

Petite histoire de l'aviation

1783, la montgolfière
des frères Montgolfier :
premier vol habité

1895, le planeur sans
moteur d'Otto Lilienthal

1897, l'Avion III à moteur
de Clément Ader

1945, l'*Enola Gay* :
premier avion à lâcher
une bombe atomique

1927, le *Spirit of St. Louis*
de Charles Lindbergh :
traversée de l'Atlantique

1969, le Boeing 747 :
premier gros porteur

1976, le Concorde :
premier avion supersonique

1909, le Blériot XI de Louis
Blériot : première traversée
de la Manche

1903, le Flyer
des frères Wright

1907, l'hélicoptère
de Paul Cornu

1926, le Laté 26
de Jean Mermoz

1914, premier combat aérien
entre l'Aviatik allemand
et le Voisin III français

1986, le Voyager :
tour du monde sans escale
en 9 jours

2007, l'A380 d'Airbus :
plus gros avion de transport
de passagers

La conquête spatiale

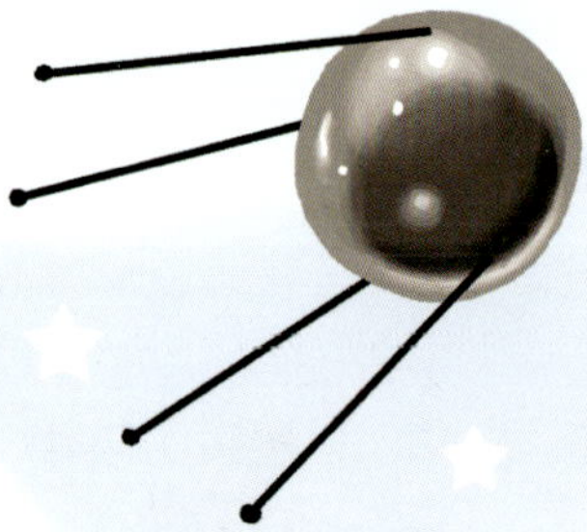

1957, *Spoutnik 1* :
premier satellite
dans l'espace

1957, *Spoutnik 2* :
la chienne Laïka,
premier être vivant
dans l'espace

1961, mission *Vostok 1* :
Iouri Gagarine,
premier homme
dans l'espace

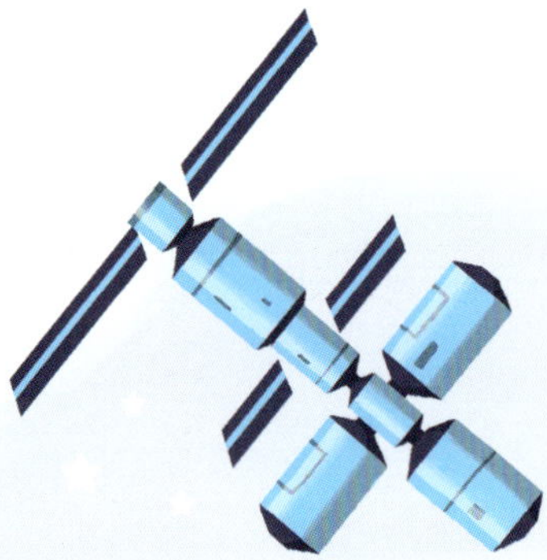

1986, *Mir* : début de l'assemblage
de la première station
« permanente » dans l'espace

1981, navette spatiale
Columbia :
premier décollage

1986, navette spatiale *Challenger* :
explosion en vol
avec 7 astronautes à bord

1990, télescope *Hubble* :
lancement dans l'espace

1997, mission *Mars Pathfinder* :
exploration de Mars
grâce au robot *Rocky*

1965, mission *Voskhod 2* :
Alekseï Leonov,
premier homme à sortir
dans l'espace

1969, mission *Apollo 11* :
Neil Armstrong, premier pas
de l'homme sur la Lune

1971, sonde *Mars 3* :
premier atterrissage
sur Mars

1976, sondes
Viking 1 et *Viking 2* :
premières explorations
de Mars

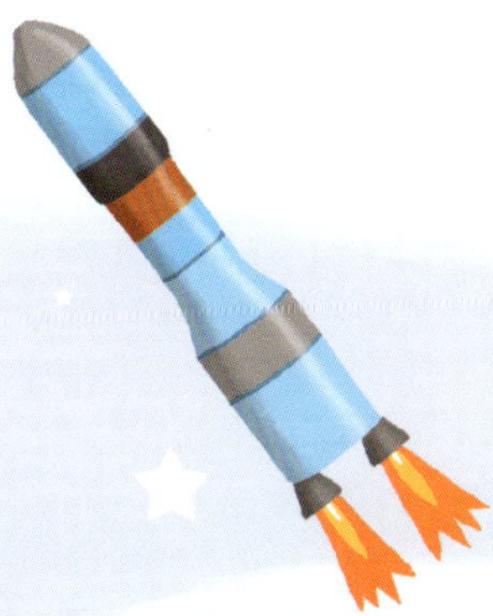

1979, *Ariane* :
premier lancement
de la fusée européenne

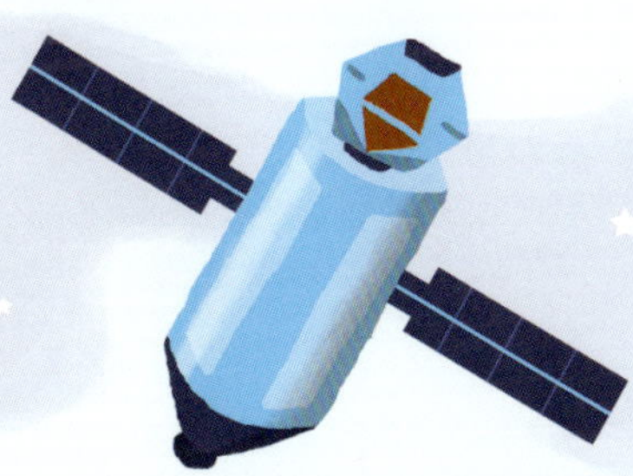

1998, lancement du premier
module de la future
Station spatiale internationale (ISS)

2000 jusqu'à aujourd'hui :
construction de l'ISS
et présence ininterrompue
d'un équipage à bord

Ab L'index